百年後の日本人

Japanese people after a hundred years

Hideto Tomabechi,phD
苫米地英人

角川春樹事務所

百年後の日本人

Japanese people after a hundred years

目次

第1章

100年後にはこう変わる 日本を巡る国際情勢

激変する国際関係。大きく変わる世界を概観したとき、新しい視野が開けてくる。

第2章

科学によって変化するライフスタイル

宇宙と深海へと進む人類。格差がもたらすライフスタイルの変化と日本人。

装幀　五十嵐 徹（芦澤泰偉事務所）

第1章

100年後にはこう変わる
日本を巡る国際情勢

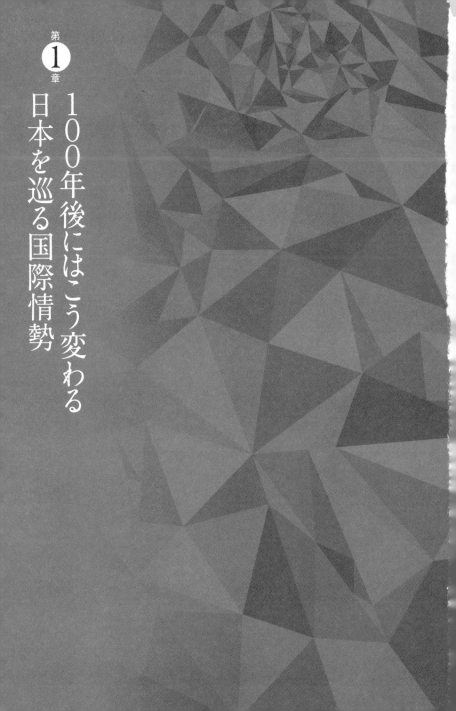

激変する国際関係。大きく変わる世界を概観したとき、新しい視野が開けてくる。

100年後の国際情勢

本書で語るのは、今から100年後の世界です。そのとき、日本がどうなっているか考えたことはあるでしょうか。

「100年後なんて生きてないよ」。

果たしてそうでしょうか。

現在、医療技術は加速度的に進歩し、人工知能など科学も驚愕《きょうがく》の進化を遂げています。それらがさらに加速度を増して発展していけば、いずれ人間は永遠の命を手に入れることになる……。

これは決して夢物語ではなく、100年後の世界なら実現しているかもしれないと私は思っています。

100年後は2018年を生きるあなたたちと無関係ではなく、今ある経済や政治の形が大きく関《かか》わっている時代です。

つまりは、100年後を考えることは、今を知ることであり、明日を考えることです。

私が考えるのは、100年後に日本という国はもうないだろうということです。ただし、「今のような形では」と付け加えておきます。

アメリカも中国もありません。どういうことか、まずはアメリカを例にして説明してみましょう。

「アメリカの首都はどこか？」と聞かれ、ワシントンではなく、ニューヨークと答えてしまう人が少なからずいるのではないでしょうか。

しかし、あながち間違いだとは言い切れません。

アメリカが独立して最初の首都となったのはニューヨークでしたし、実質的に見れば、現在も首都だといえるのはニューヨークです。

なぜなら、アメリカ合衆国はニューヨークの経済で成り立っているからです。

つまり、ニューヨークには国家レベルのＧＤＰ（国内総生産）があるわけです。そして、この経済が未来の国の形に大きく関わってくるのです。

ニューヨークのように国の中核をなす、真に富んでいる地域（それは州だったり、市であったりしますが）は、１００年を待たず、おそらくは50年以内に独立しているだろうと私は考えています。そのときアメリカ合衆国は、今のアメリカ合衆国のままであるといえるでしょうか。

日本も同じことがいえるはずです。

そして、そのとき日本人はどうなっているのでしょうか。

人口＝国力という見方が変わるとき

１００年後、日本という国はない。

この大胆な予測の真意を理解していただくために、まずはこれからの世界の動向に目を向けてみましょう。

前節でＧＤＰという言葉を使いましたが、このＧＤＰの数値から世界情勢を見ることができます。

経済、軍事、文化、資源、人口など国力を示す物差しはいろいろありますが、その国がどういう国かを説明するのにも、わかりやすいのが経済でしょう。

２０１７年のＩＭＦ（国際通貨基金）の統計によれば、ＧＤＰ世界第１位はアメリカ合衆国、第2位が中国、そして日本は第3位です。この順位から、現時点における、世界に占めるその国のポジションが大まかとはいえ摑《つか》めるはずです。

しかし、私はＧＤＰの概念が、経済実態を正確には反映していないと考えています。

これは遥《はる》か昔の、工業が主体の時代に考案された指標であり、サービスが主体になっている現在の経済の実態とはかけ離れているからです。

とはいえ、現時点においては、このGDP＝国内総生産の数値は、国力と直結するものとみなされているので、ここでも、経済という観点から今後の各国の動向を見ていきたいと思います。

これまで経済を支えてきたのは人口です。言い換えれば、国力は「人口」に依存するものでした。

しかし、これからの社会においては、人口＝国力といえません。

なぜなら、ロボットや人工知能がすべてのモノを作ってしまうからです。

となると、「人口の多さはその国にとって負担でしかない」ということになります。

人間は日々食事を摂らなければいけません。生活するために水がいるし、ガスだって電気だって使います。ユーティリティを必要とするわけで、それはコスト以外のなにものでもありません。

そして、コストばかりかかる人口の多い国は、体力を奪われ、その国としての実体もなくなっていきます。

これは当然の帰結と考えられるはずで、しかも、そう遠くない未来に起こりえると言っても多くの方が納得してくださるのではないでしょうか。

沢山の人を雇用しているいわゆるメーカーよりも、フェイスブックやグーグルなどのサーバーやＡＩが働く企業の方が、経済的に遥かに強い現状と同じです。これが国家レベルで起こるということです。

冒頭にアメリカ合衆国がなくなると言った所以《ゆえん》でもあるわけですが、では、現在、世界一の人口を持つ中国はどうでしょうか。

当然、なくなりますし、２位のインドも然《しか》り。日本だけを例外とする理由もありません。

現在著されている未来を語る本の多くでも人口問題は取り上げられていますが、そのほとんどが人口減少を憂えるばかり。

人口問題の本質が語られていないのは残念です。

この人口問題を切り口に、まずは経済の今後を見ておきましょう。

大前提となるのが、これからの社会は、人工知能とロボットが価値を生み出していくということです。

これまでは人口の多さに比例して売上が上がりました。人口は購買能力と直結しているからです。

同時に、生産能力でもありました。ＧＤＰを伸ばすためには生産能力を上げなければならず、そのためには人口が必要でした。

しかしこれからは、人口は「コスト」となり、売上側にはまわりません。

製造はＡＩとロボットが行います。

つまり仕事がないということですから、購売能力は激減し、企業の売り上げはどんどん下がっています。さらには生活するための収入を稼げない人たちが出てくることになります。

では、どうやってその人々を守るのか。「社会的費用」を捻出《ねんしゅつ》していくしかないのです。

現在、日本でも所得を分配しましょうなどという動きがありますが、まさにそれと同じです。

当然、人口が多い国は厳しくなっていきます。

一か国の理想的な人数としては数百万人ぐらいではないかと私は考えています。多くても3～4千万人ぐらいで、それを超えた国は、全部「費用」となって国庫に負担となってのしかかることになるわけです。

そのため、人口の多い国は分裂という道を歩むことになります。

中国は上海《シャンハイ》国と北京《ペキン》国に分かれ、アメリカもニューヨーク国、テキサス国、カリフォルニア国などに分裂。今挙げた国は、おそらく成功するでしょう。

しかし、それ以外の分裂した国は、国としての機能を維持できるかといえば不明だと言わざるを得ません。

現在の人口大国でもあるインドあたりも分裂はするでしょうが、もともと貧富の差が激しいハンディを持った国ですから、社会的費用が生産を上回り、1つの国として残るのは難しいと見ています。

もちろん、人口の少ない国はそのまま国を維持できる可能性があります。

例えばカナダ。

そのカギは、移民政策を変えるなどして、人口流入をいかに止めるかにあるでしょう。

国土が広く、人口が少ない国は、人口増加や流入を抑えることで、今後の活路も見《み》出《いだ》していくのではないかと考えます。

分裂する中国

ここからが本題です。人口問題による経済の在り方が、今後どのようにして大国の分裂に関係していくのか。世界一の人口を誇る中国で説明します。

中国のＧＤＰは世界第2位であり、その権勢はアジアのみならず、世界に多大なる影響を及ぼしながら広がっています。

しかし、中国が力を及ぼし続けることはないでしょう。おそらく数十年以内に、複数の国（あるいは地域）に分裂することになります。

はっきりと分断するだろうと考えられるのが、北京と上海です。二つの都市が分かれる理由は、それぞれの都市の性質を見ればわかることです。

もともとこの二つの都市には大きな差がありました。

北京は政治の中心として早くから発展する一方で、かつての上海は周囲は野原が広がるような田舎の古い町並みを残すところでした。

しかし、１９９０年頃、日本でいうとバブルが崩壊したあたりから、中国が活気づくとともに急激な発展を遂げ、金融の中心となったことから上海は大変貌《だいへんぼう》を遂げることになります。その間も北京は、首都としての機能も役割も変わることなく維持し続けていました。

こうして中国を代表する二大都市が生まれたわけですが、両者を比べた場合、上海という街が持つ性質、人々の思想や発想は、北京のそれとは異なり、相容《あいい》れないものです。

今でもまったくの異質なもの同士なのですから、この二都市は何かあれば、絶対に割れると考えています。

端緒となるのは、独裁的な政治体制です。

習近平《しゅうきんぺい》氏への権力集中が終わる頃、分断の予兆が訪れるだろうと私は予測しています。

絶対的な権力を握り、国内を統治するのは、氏が最後になるでしょう。

そもそも、中国という国は、その歴史を顧みても、さほどの統治能力を有してはきませんでした。

「中国四千年の歴史」などといいますが、実質的に統一されたのは毛沢東《もうたくとう》による改革が初めてであり、それまでの巨大大陸には多くの民族が残り、人民たちも統一意識を持つことはありませんでした。

ちなみに、中国＝漢民族と我々は想像しがちですが、そう単純ではありませんし、かの秦《しん》の始《し》皇帝も漢民族でないことを付け加えておきます。

真に統一がなされたといえるのは、わずか70年ほど前、つい最近のことなのです。

しかしその統一国家も、間もなく終焉《しゅうえん》を迎えることになるでしょう。

そして分断を迎えるとき、中国はもう共産主義ではなくなっているでしょう。

現在掲げている「共産主義」こそが、分断を招く要因なのです。

とはいえ、ここで言う「共産主義」は私たちが常識的に理解するものとは別のものです。

中国の共産主義は、資本主義に対する一つの対立軸として台頭しただけであり、本当の意味での共産主義ではないからです。

正しくは、中国とは「共産党一党支配の先進国」だと言うべきでしょう。

そしてその実態は、共産主義とは真逆の、「国家資本主義」という特殊な資本主義なのです。

しかも、「国家資本主義」（または「独裁資本主義」）は、資本主義の一つの理想的な姿だと言わざるを得ません。

なぜなら、文字通りに国家が資本を支配できるから。

有無を言わさず土地を接収できるし、新幹線が失敗したらすぐに埋めてしまえばいい。

彼らは実際にやっているわけですが、これを理想的な資本主義と言わずして、なんと呼べばいいのでしょうか。

ただ、理想的とは言いながらも、大きな問題も内包しています。「国家資本主義」では、市場経済が成り立たないということです。

そもそも、資本主義の基本をなすのが市場経済だと考えるのが間違いで、資本主義に市場経済が存在したことは一度たりともありません。ロンドンのシティーに身を置く経済学者の頭の中にしかないものだと理解すべきでしょう。

２０１７年、シカゴ大のリチャード・セイラー教授がノーベル経済学賞を受賞しましたが、彼が唱える行動経済学とは、いわば「市場経済はいかに間違っているか」をつまびらかにしたものであり、それは、２００２年にノーベル経済学賞を受賞したダニエル・カーネマンが行動経済学と銘打って以降続く、研究の主流です。

近年のノーベル経済学賞を独占しているのが同系の経済学だと知れば、納得もできるでしょう。

そういう意味では、中国は日本より先に「独裁資本主義」という形で本物の資本主義を手に入れたといえるわけです。

アメリカも実質的には似たようなものです。

アメリカで「金融資本主義」と呼ばれるものと、中国の「国家資本主義」は大差ありません。

銀行が牛耳《ぎゅうじ》るか、政府が牛耳るか。その違いだけだからです。

もちろん、日本にもそのような時代はありました。

高度経済成長期がそれです。

高度経済成長期とは、大蔵省と通産省が国家資本主義をやっていた時代だったのではないでしょうか。

通常の資本主義では国は伸びない。私はそう考えます。

独裁資本主義で中国が何をしたかといえば、貿易用為替相場を元安《げん》に、海外から受け入れた送金の人民元への交換などには元高にするという二重相場政策でした。

その結果、共産党には潤沢な資金が流れ込み、世界有数の資産家が誕生するきっかけとなりました。

中国ＩＴ企業の巨人「テンセント」の創業者ポニー・マーは資産５兆円超でアジア一の富豪ともいわれていますが、ほかにも莫大《ばくだい》な資産を有する中国人は増えています。

なぜ増えているのか。

彼らに共通するのは、その父親がかつて共産党の幹部だったということです。つまりは、スタートアップ資金は共産党の資金で、共産党こそがエンジンとなって資産を作っているのです。

何が言いたいのかといえば、二重相場政策によって流れ込んだ資金を親たちはポケットに入れ、子供たちにつぎ込んできたということです。

そして海外で成功させて、資産家となったのです。

その多くは現在アメリカに移住していますが、おそらくは胡錦濤《こきんとう》氏の時代に逃げた人たちでしょう。

今なら、習近平氏の粛清のターゲットですから。

そして、多くの資産家が誕生したことこそ、中国の破綻《はたん》の始まりなのです。

独裁資本主義という強引な経済政策は、みなが等しく貧しかった時代でしか受け入れられるものではありません。

貧富の差が明確になるにつれ、共産党への不満が募ることは想像に難《かた》くないでしょう。

おそらく中国政府が自由にできる金よりも、彼らが自由にできる金のほうが大きくなっているはずです。

そういう人たちが中国に帰ってきて何をやるかといえば、より巧妙なお金の力による支配です。直接的な賄賂でないだけで、相変わらずの中国伝統のスタイルであるのは皮肉としか言いようがありませんが、これでは政府による統一など続くはずがありません。

そして、これらがきっかけとなり、分断が起こり、北京は「北京国」に、上海は「上海国」として独立していくことになるのです。

日本が世界経済のリーダーになる

トランプ大統領が「アメリカファースト」政策を打ち出したことで、アメリカは世界のリーダーの座を降りました。リーダーは決して自分をファーストとは言わないからです。

アメリカがリーダーを降りたことで世界にも変化が訪れています。

これからの自由主義経済のリーダーは日本が担うということです。ＧＤＰで言えば中国のほうが遥かに大きいですが、非共産国の中では、圧倒的に日本は強く、ＥＵも、ドイツやイギリスといった単独の国で見れば、そのＧＤＰは日本の比ではありません。それを認めるように中国も、「アメリカは世界のリーダーを降りた」とコメントしています。

これからの日本は、世界の自由主義経済のリーダーだと自覚しなくてはなりません。日本と中国の蜜月《みつげつ》関係は今にも始まろうとしています。

その証拠が、あれだけ文句を言っていたパンダ債でもあるのです。

そして両国が密接に繋がるとき、距離的にも近い東京と北京はおそらく提携して（上海との取り合いになるとは思いますが）、一つの国になっているでしょう。

これまで用いた言葉に従えば、「東京国」と「北京国」（あるいは上海国）が一個の国になる。二つが一体化することは、ほぼ間違いないだろうと私は考えています。

また、その頃には、中国や日本に多くの資産家が暮らすようになり、アメリカにいる資産家はだいぶ少なくなっているはずです。

もちろん、ニューヨーク国あたりには世界一を争うような資産家がいるとは思いますが、ＧＤＰで見たら世界でＮＯ．１の都市はやはり東京です。都市単位で見ると現在でも既に東京のほうが上なのです。

とはいえ、それも今だけの話で、いずれは北京に抜かれ、将来的には１位が北京、2位が東京、３位が上海、４位が大阪でニューヨークが５位ぐらいの感じではないでしょうか。

ただはっきりしているのは、資産家のほとんどは中国人か日本人になるだろうということです。そうなれば、世界中の人たちが中国語と日本語を学ぶようになるのではないでしょうか。

これからの１００年間を考えたとき、日本はもう一度台頭する時期が来る。そう私は考えます。

仮想通貨の本当の意味

経済を通して世界の変動を見る上で、仮想通貨は切り離すことができません。

すでにキャッシュレスは始まっていますが、その浸透にも拍車がかかるのは明白です。

それに伴う私たちの暮らしの変化については後述しますが、ここでは日本と中国の関係性をデジタル通貨の存在から話してみたいと思います。

中国では現在ビットコインの取引が禁止されており、三大取引所といわれるところもすべて閉鎖されています。

その結果、日本であることが起こりました。資金決済法の改正です。

ビットコインを代表とする仮想通貨が一般的な貨幣と同等の価値を持つとされ、政府によって「通貨」として認められることになったのです。施行されたのは2017年4月です。

しかし、その前年の春頃までは、政府のトップ連中は「ビットコイン？　あんなものは金じゃない」と言っていました。

ところが、手のひら返しで次の年には資金決済法を改正し、仮想通貨の取引所を公認しました。

それが起こったのは、中国の取引所が閉鎖される2、3カ月前です。なぜ日本は翻意したのでしょうか。

（政府トップが知っていたか否かは別にして）中国人のマネー・ロンダリングの行き先を作るためだからです。

そもそも、仮想通貨で利益を上げている日本人がどれほどいるのでしょうか。ほとんどいません。日本における仮想通貨取引は、投資家のための投機システムだと知るべきです。

以前にも似たようなことがありました。

２０１６年12月のカジノ法案の成立と今年６月19日の実施法案の成立です。どう考えても日本国民にメリットはありません。

全てのカジノの売上は、外資系のカジノ運営会社に行きます。

カジノ場では飲食はすべてがタダなのに、誰が外のコンビニに買い物に出るというのでしょう。

吉野家が半額セールをしたとしても、立ち寄る人などいるわけがありません。

誰にもメリットがないのは明らかだし、しかも、落とされたお金は全部外資に行ってしまう。

それでもカジノ法案を通した理由はただ一つ。

これも、中国人のマネー・ロンダリングの場を日本に移行させるためです。

どうしてこう次々と日本人にメリットのない法律ばかりが国会で通るのか。

それは、裏でお金が動いているからにほかなりません。

つまり、日本は、票がお金で買えるということなのです。

もともと、マネー・ロンダリングが行われていたのはマカオでした。

しかし、習近平氏の反腐敗政策の取り締まりでマカオのカジノは売上が激減し、金の行き先がなくなってしまいました。

そこで新たに目を付けられた日本が、カジノを作らざるを得ない状況に追い込まれたのです。

主導したのは、中国人とアメリカ人のカジノオーナーたちにほかなりません。

マネー・ロンダリングにおいて、「中国」と「ウォール・ストリート」と「カジノ」はワンセット。そのためにカジノ法の採決に合わせて資金決済法の改正も必要だったのです。

日本にマカオを持ってくるための強行採決だったというのが真相です。

もう一度言いましょう。

日本の国会はすでに中国人に買われていると考えるべきです。それも中国政府からは追い出されてる人達です。

中国の賄賂政治は、すでに日本に引っ越し中ということです。

ただし、直接のロビイングを行っているのはほかでもないトランプ大統領です。カジノ法の内閣決議と習近平氏が粛清して来たマカオのカジノ。そして資金決済法改正がされる前に安倍総理が会ったのは、そのトランプ大統領であり、その直後になされたのが強行採決です。

これほどわかりやすい事実もありません。

中国の大金持ちはロビイングをアメリカ合衆国にしているのであり、トランプ大統領に言わせているにすぎません。

いうなれば、トランプ大統領はこの件に関しては「中国人資産家の代理人」なのです。

このように、「金で政府を買う」ことができるのが、中国人資産家のパワーなのです。

もちろん彼らの利益がアメリカの巨大カジノオーナー企業と合致しているからでもありますが。

この状況を別の側面から捉《とら》えると、資本主義の最大の欠点が浮き彫りになります。つまり、資本主義は、民主主義とワンセットになったとき、最悪の結果をもたらし、カジノ王のような資産家を優遇する政策しか行わないのです。

２０１７年末、自民党などにより策定された税制改正大綱を見てもよくわかります。年収８５０万円を超えるサラリーマンは増税となった一方、優遇されたのが年収２億円を超える人々です。

日本で年収２億を超える人がどれほどいるでしょうか。しかし、そのごく限られた人たちこそが国会を動かしているのです。

世界の裏の構図は実にわかりやすくできています。

そして、この構図は100年後も変わることはありません。

今の資本主義は先に進み、資産家がさらなる資産を得るようになる。

それが事実です。


かつてのアメリカがそうでした。

マーク・ザッカーバーグやビル・ゲイツがすごい資産家といわれていますが、この二人にアマゾンやグーグルの創業者も加えた全員の資産よりも、鉄道王といわれたヴァンダービルト氏一人が持つ資産のほうが対GDP比で言えば、遥かに大きく、莫大でした。それほどまでに一人の元にお金が集中したのです。

そして今後、そういう人たちが現れるのは中国です。

彼らはその資金で票を買うのです。

資本主義化する日本

日本の国会がすでに買収されたものならば、その未来が辿《たど》る道は明らかです。民主主義から資本主義（部分的だとしても）に変わっていくでしょう。

それも、10年か20年ほどで。

２０１７年2月10日に、安倍首相がトランプ大統領と最初の会談をした日に、外資グローバル種子企業に圧倒的に有利な種子法廃止が閣議決定され、4月に強行採決されたのもその例です。

ご存知の通り、日本は資本主義国ではありませんし、憲法のどこにもその言葉はないのです。

しかし、与党が、「資本主義と書け」と言い始めるときも案外近いのかもしれません。金で買われた国会は、すべてが資産家の言いなりなのですから。

そうなると、高額納税者しか投票できなかった明治から大正時代のように、ある程度の額の税金を納めた人しか投票できなくなる日がやってくると考えても不思議ではないでしょう。

今日の日本において、票を買うことはできません。

しかし、「組織票」などというものがあるのはなぜか。

買っているからです。ですから表現に正確を期するならば、今でも票は買えます。

ただし、公然と、表だって、ではないというだけのことです。

将来的には、投票権の売買ができるような法律が生まれる可能性もあるでしょう。納税額１００万円に付き一票などとなる日がやってくるかもしれません。

本音と建前を合わせるか否か、それが経済の論理なのです。

「票は金で買える」という事実上のシステムが、表のシステムに変わるまで20年から30年。資本主義は、民主主義を飲み込んでいくことになります。

資本主義が異様なスピードで加速していくことは、別の言葉で言い換えるなら、グローバル化がさらに進んでいくとも言えるでしょう。

グローバル化によって私たちの暮らしにダイレクトに訪れる変化の一つは、キャッシュがなくなり、デジタル通貨に移行するということです。

中国のマネー・ロンダリングのために急速に拡大したビットコインで代表される仮想通過は、ビットコインそのものはその役割をそろそろ終えると思いますが、新たに成功する複数の仮想通貨により、私たちの生活に浸透していくことになるでしょう。

とはいえ、キャッシュが使えないわけではありません。

紙の通貨でやり取りしたい状況はあるでしょうから、そのときは、デジタル通貨をプリンターで印刷すればいいだけなのです。

デジタル通貨はいつでも印刷可能になるでしょう。

バックアップや利便性のために紙をポケットに入れておいて、アップルウォッチやスマホを忘れても紙を出して、相手が読みこんだ瞬間に元のデータから引かれるようにすればいいだけのこと。

紙のお金がなくならない理由はほかにもあります。わざわざキャッシュを使いたがる人がいるのです。

みんながアップルウォッチや生体チップで払っているなら、紙で払うほうがオシャレだと感じるようなお金持ちです。

キャッシュレス時代になれば、順番がひっくり返り、まずデジタルデータがあり、紙はその次の存在でしかなくなります。


キャッシュレス時代はすぐにも始まります。そして、キャッシュレス＝デジタル通貨になると、一人の財布に複数の通貨が混在することが考えられます。

海外の会社と仕事をすれば、ドル払いのところもあるだろうし、人民元払いの会社もあるでしょう。

また、報酬は円で貰《もら》い、使用するときは別通貨にするというケースもあるわけです。

複数の通貨を常に持つということは、それらがいつでもリアルタイムで変換可能ということですが、為替は毎日変動します。

そのため、普段自分が使いたい通貨と稼ぐ通貨を同一のものにすることが為替リスクを避けることになります。財産を危険にさらしたくなければ、あまり変えないほうがいいと助言しておきます。

リスクを避けるということでは為替も同じです。

稼いだ給料を稼いだ国の通貨のままで持ち、支払いもそれぞれの通貨で払うほうが安全でしょう。

もちろん、為替市場をＦＸ（外国為替証拠金取引）のように朝から晩まで見張って利ザヤを稼ぐこともできますが、現状を鑑みれば、あまり得策とはいえないのは明らかです。

キャッシュレス時代の到来を前にして、今、世界では通貨を巡る動きも活発になっています。

言うまでもなく、通貨は通貨発行権の元、製造されたものです。その通貨発行権を持つのは中央銀行といわれるところで、日本は日本銀行、アメリカならＦＲＢ（連邦準備制度理事会）です。

ただし、両者とも中央銀行を名乗りながらも純然たる国の機関ではなく、独立した機関となっています。

さて、ここで気になるニュースがあります。

スイスでは民間銀行の信用創造特権の廃止を問う国民投票が行われました。ご存知ない方も多いかもしれませんが、実はこれ、とても大きなことなのです。

というのも現在の世界の金融システムは部分準備預金制度と呼ばれ、民間の銀行が預り金額の数倍の貸付という形で信用創造をしています。

その特権の廃止を問う国民投票がスイスでは行われた。意味するものは、中央銀行が印刷したお金だけが信用創造になるということです。完全準備預金制度への移行です。

日本は日銀が紙幣を発行しています。しかし、信用創造になっているのでしょうか。なっていません。

信用は民間銀行が受け入れている預金額より多く貸し付けた時のみ創造されます。

スイス以外の全ての国では信用創造は１００％民間銀行が行っており、中央銀行は行っていません。

現在日銀の実質の役割は何かといえば、外資系企業を喜ばせることです。

毎年１４４兆円を発行して、外資系が持つ株を買うのですから。

そういう意味では、企業の利益のためには存在しているといえますが、日本国民のためには今の中央銀行は機能していないのです。

しかし、それは本来の姿ではありません。

スイスのように中央銀行が刷ったお金だけが信用創造になる。それが本来の中央銀行の在るべき姿でしょう。

スイスは、国が経済の手綱を握る形に持ち直すことを試みたわけですが、イギリスもその道を歩み始めています。

狙《ねら》いは、ウォール・ストリートと戦うためです。

ウォール・ストリートを支配しているのはロックフェラー家などの金融資本家であり、いわば彼らにイギリスは信用創造を握られているので、中央銀行であるイングランド銀行に取り戻したいのです。

そのため、中国とも手を結ぼうとしている。

中国とイギリスは欧米初となる中国製原発建設で合意しましたし中国のＡＩＩＢ（アジアインフラ投資銀行）を先進国で最初に認めたのもイギリスです。

近いうちにも、イギリスはポンドを基軸通貨に戻すために、民間の信用創造を禁止する可能性が高いと私はみています。

同じ動きが、デジタル通貨でも始まっています。

イギリスや中国、ロシアでは、デジタル通貨は国が発行すると言っています。

２０１８年4月末にはイランがデジタル通貨発行の宣言をしました。

そうなれば、国＝中央銀行が通貨量を自由に調整できることになり、今の民間銀行の機能はすべて中央銀行だけで行える。

また、守秘義務があるので国名は書けませんが、私がお手伝いをしている国で、デジタル通貨の発行を決めた国が複数あります。

彼らは、信用創造権を国に、真の中央銀行に取り戻したいのです。

ただしアメリカにこうした動きは起こりえません。

中央銀行としてＦＲＢが君臨しているからです。

ＦＲＢは通貨発行権を有しながら、アメリカ政府からは独立した機関であり、民間銀行の集まりです。設立の背景にロックフェラー家やロスチャイルド家など巨大な金融資本家がいたことは周知の通りでしょう。

その力は今も揺るぎませんし、これからの資本主義化の流れに乗って膨張もしていく。行きつく先は、ウォール・ストリートという名の「民間銀行の国家」の誕生です。

そこから始まるのが、アメリカ合衆国の分裂なのです。

グローバル化は人の生き方も変えていきます。

また第3章でも話しますが、大きく関わってくるのが国籍で、おそらく50年以内には国籍を自由に買えるようになり、しかも、複数の国籍が持てるようになっていくでしょう。

その国籍にはレベルがあるのをご存知ですか。

わかりやすい例が、モナコです。

現在のモナコには3つの国籍レベルがあり、本当のモナコ国民と、建前上のモナコ国民、そして、外国国籍を持ちモナコで商売して生きている人たちです。はっきりと差のついた国籍があるわけですが、産油国などでもにた状況があります。

この国籍売買に関しては最近話題になったのでご存知の方もいるでしょう。

国籍売買で有名なのはマルタ共和国で、あるジャーナリストがそれを記事にしていますが、殺されてしまいました。表向きは「パナマ文書」を暴いたことが理由とされていますが、こちらが原因の可能性が高いと認識されています。

マルタ共和国は２０１７年前半のＥＵ議長国でした。

つまり、ＥＵ加盟国の国籍を買うための窓口だったということであり、一度買ってしまえば、ＥＵ圏内のどこにでも住むことができるのですから、欲しがる人も多かったでしょう。

もともとは３～４千万円ぐらいだったそうですが、そこに中国人が殺到して値上がりし、１億円を超えたともいわれています。

マルタでは今も国籍の売買は続いていますし、今後は同様の国が増えるでしょう。

複数の国籍を持つことは問題ではありません。マルタで問題になったのは、その売買の利益が国ではなく、一部の個人に入ったことです。

国と国の間で「君はうちのパスポートを持っているのだから、あの国のパスポートは捨てろ」などといえば、それは内政干渉です。

実際、日本にもアメリカとの二重国籍の人は大勢いますし、三重国籍の人だっているのです。

もちろん、国会議員だって一議員である間は、他国の国籍を持っていても問題はありません。ただ、大臣などの権力を持つ側になると利益相反が疑われるということです。

複数の国籍を持つようになり、その先で考えられるのは、「日本国籍しか持ってないの？　貧乏だね（笑）」と言われる時代が来るかもしれないということです。

また、国と国の間で税金の取り合いも予想されます。

国籍を置いたところから所得税は取られるわけですから、あなたのところにも、「わが国のパスポートを持ちませんか？　税金が安いですよ」と、お誘いが来るかもしれません。

その時には、日本の国籍を抜くかどうか選択しなければならない場合もあるでしょう。

国籍を抜かれて困るのは国ですから、当然動きます。「一定額以上税金を納めるならば、日本国籍は持っていていい」という法案が出てくるかもしれませんし、住民税は自分の住んでいるところに納めるけれども、所得税は自分で選んだ国に入れようとなるかもしれません。

いずれにしろ、これらの問題は資産家の弁護士たちが決めることです。ＴＰＰ（環太平洋パートナーシップ協定）がそうだったように。

私は昨年（２０１７年）、民間の軍事会社を作りました。いきなり何の話だと思われるかもしれませんが、これも１００年後の日本を語る上での重要なキーワードとなります。

世界で資本主義が進み、グローバル化されていくことで懸念されるのが、治安の悪化です。

これは今後、全世界で進んでいくのは明らかです。貧富の差がますます激しくなるということは、テロが起こりやすくなるということ。

アメリカなどに対するイスラム過激派のテロは宗教戦争のように語られていますが、その実態は金を持たない者と持つ者との戦争です。


アメリカは今、警察が街ごとで分かれています。

ビバリーヒルズにはビバリーヒルズ警察があり、警官が街の入り口に立っている。運営しているのはビバリーヒルズの住人で彼らの税金が使われているので、警官の給料は高いのです。

日本でも警察権が分離していけば、港区警察が生まれるでしょう。

その港区警察が相手にするのは、悪質で危険な者ばかりになっているでしょうから、港区警察だけでは対応しきれず、ミッドタウン警察や六本木ヒルズ警察も出てくることになります。

アメリカでは「キャンパスポリス」といって大学の中にも警察があるのですが、同じように、「区」よりも遥かに小さい「町」の単位で警察が生まれていくことになるでしょう。

そして、小さな町の警察官ですら重火器は持って武装しなければなりません。敵がテロリストの時、ニューナンブのお巡《まわ》りさんでは間に合わないからです。

テロリストや凶悪犯を想定したときに考えられるのが、臨時契約で民間軍事会社を雇うということです。

私が民間軍事会社を作った理由がここにあります。

日本の民間軍事会社の第一号を作ったわけですが、これからは第二、第三の民間軍事会社が誕生するはずです。

今後は、正規軍では対応しきれない事態が起きてしまうから。

本来、軍事とは国家の要請と経済とのワンセットで、正規軍の場合、ジュネーブ条約で公務員であるとか、軍服を着ていなくてはならないことなどが決められています。

しかし、テロリストは誰も軍服など着ていません。

イスラム国の連中を見ればわかるでしょう。

また、ジュネーブ条約は、正規軍は正規軍以外を撃ってはいけないとも記しています。つまり、軍人は軍人しか相手にはできない。

実際にシリアでイスラム国と撃ち合いをしてきたのはアメリカ軍の軍人ではなく、民間軍事会社の社員なのです。

アメリカには300万人の軍人がいるといわれていますが、正規の軍人は100万人で、残り200万人は民間軍事会社の社員です。

そして、現場にいるのは一部を除いて民間軍事会社の人間です。これは公然の秘密で、日本人はいまだ知らないだけですが、すでに世界の軍は民間軍事会社に取って代わられつつあるのです。

それが白日の下にさらされるまであと数年。私は、５年後にも民間軍事会社の時代が来ると考えています。

その前段として、設立を巡っての国会議員たちの論争が２、３年後にも始まるでしょう。30年後ともなれば、世界中の軍隊が民間軍事会社となっているはずです。

考えてみてください。自分が住んでいる街に外国人テロリストが来たらどうするかを。

私なら、港区警察では不安ですから、民間軍事会社の中でも屈強なトップクラスの社員を雇います。やってくるのは、日本人ではない可能性が高いと思います。

日本の町は、外国人を入れて混成された自衛隊と民間軍事会社が重装備で守る時代になっていくでしょう。

ただし、彼らの実体はほとんどロボットです。軍服も、ガンダムのようなロボット・スーツだと考えるのが自然でしょう。

30年、40年後の世界ならともかく、それが100年後ともなれば一般化していることでしょう。

未来について考えるのは、それほど難しいことではありません。なぜなら、100年後に商業化される技術は現在、研究開発しているものだからです。

今を知ることで、これからの世界はずっとわかりやすくなるのです。

第2章

科学によって変化するライフスタイル

宇宙と深海へと進む人類。格差がもたらすライフスタイルの変化と日本人。

超科学が及ぼす生活への影響

経済単位が国ではなくなり、日本と中国からそれぞれ独立した「東京国」と「北京国」が連邦制を敷いているかもしれない100年後。

その東京国は、どこにあるでしょうか。

私は宇宙空間の可能性もあると思っています。

それくらい、今後の世界は、科学の進化を切り離して考えることはできません。この章で語るのは、これから起こりうる科学の変化と、それにともなう私たちの生活の変容です。

みなさんはＮＡＳＡ（アメリカ航空宇宙局）がワープエンジンの開発に取り組んでいることをご存知でしょうか。『スター・トレック』や『スター・ウォーズ』に出てくる、超高速で航行する、あれです。

相対性理論を理解する方なら、何を言っているのだと思うかもしれません。

確かに、アインシュタインは光の速さを超えた瞬間に質量が無限大になってしまうため、光の速さを超えられるモノはないと説いています。

異論を挟む余地はありません。

しかしそれは、「空間内での物の移動」に限った話。「空間そのもの」は、光の速度を超えられるのです。

実は、「空間そのものを移動させる」ということは、それほど難しいことではありません。

なぜなら、空間は曲げることができるから。

すなわち、ワープとは「空間を曲げる」ことであり、宇宙船の前の空間を縮めて、後ろの空間を伸ばせば、ワープはできるのです。

これは、「宇宙船のいる空間そのもの」が、光より速く移動するということです。

光より速く移動するためには膨大なエネルギーが必要です。

それがどれほどのものになるかを想像すれば、用意すべきエンジンの大きさに頭を抱えてしまうかもしれません。

しかし私は、普通の核融合程度のエネルギーで可能ではないかと考えています。それほど桁外《けたはず》れのエンジンでなくても良いのです。

一番の問題は、シャトルなどのロケットに乗せられる程度のサイズにしなければならないことにあります。

残念ながら、小型の核融合エンジンを完成させるには、あと20年か30年はかかってしまうでしょう。

それでも、100年という時間で見れば、ワープエンジンが実用化されている可能性は充分あり、誰もがワープできる時代もやってくると考えています。

10光年先の星へ、それは光の速度で10年かかる場所ということですが、わずか３カ月で、もしかしたら３日で行けるようになるかもしれません。

隣町に行くためにわざわざワープはしませんから、例えば、六本木から新宿までは30分かかるのに、アンドロメダまでは５分で行ける。

そんなことが珍しくない時代がやってくるのではないかと思えるのです。

すると、私たちが住む星も変わり、太陽系以外の惑星への移住も少しずつ始まっていくのではないでしょうか。

地球の大気中の酸素濃度は約21％。18％未満だと酸欠になるとされているので、そこを限界値としても、酸素濃度18％くらいの惑星はいくつもあります。

酸素濃度は近年減少しているといわれており、言うまでもなく、それは地球環境の悪化が原因です。

また、今のペースで人口が増えていくと、すぐにも300億人ぐらいにはなってしまいそうですが、そのとき、地球環境はさらに深刻な状況になっているでしょう。

思い浮かぶ選択肢は、地球以外の場所に住む、というものです。

ワープエンジンで別の星雲の地球型惑星に移動し、その星で暮らす。映画の中だけの話ではなくなるのです。

それぐらい人類の科学は今、一気に進化しています。宇宙空間でも重力さえ作れれば、街ごと、例えば六本木ヒルズやミッドタウンごと持っていくことも可能なのです。

宇宙空間に住むことの魅力は、容積率かもしれません。

もう比べ物にならないくらい広いのですから当然でしょう。

今、六本木あたりの家賃相場は一平米1万円くらいですが、宇宙空間の平米コストは一度技術開発が終われば一気に下がりますから、広大な邸宅なのに家賃は10万円などという超格安物件が宇宙空間なら考えられるわけです。

とはいえ、移動の費用や暮らしのユーティリティ維持など「宇宙空間コスト」は掛かりますから、当面は、宇宙空間に住めるのはごくごく限られた大富豪くらいで、彼らが別荘として保持するというのが妥当な見方です。

資産家ばかりがメリットを享受できるのは、変わることがありません。

十数年以内には始まる宇宙旅行

前節からもわかるように、宇宙は想像以上に身近なものとなっています。普通に遊びに行くだけなら、民間の航空事業会社がすでに始めていますが、現状では採算が取れていません。

往復するだけで5千万円、月に行くなら数億円が必要なので、グーグルやフェイスブックの創業者のような資産家しか乗れないのです。

しかし、その採算性も変わっていきます。

十数年以内には、豪華客船を利用する感覚で宇宙旅行を楽しめるようになるでしょう。

そのきっかけとなるのはベース・ステーションの建設です。小笠原《おがさわら》諸島への船が出るターミナルが東京・竹芝桟橋であるように、宇宙への玄関口も必要となります。

それが宇宙ステーションであり、この宇宙ステーション誕生をきっかけに、採算性ががらりと変わっていくことになるでしょう。

最寄りの宇宙ステーションができれば、シャトルはそこから出発することになりますから、月の往復なら２００～３００万円も夢ではありません。

火星は、長期滞在は月より向いてそうですから、かなりの人が宇宙へ行くのではないでしょうか。

加えてワープエンジンが開発されれば、採算性ももっと良くなり、宇宙コストはさらに下がっていきます。

そうなれば、資産家の多くは宇宙に住宅を持つようになるでしょうし、会社の本社を宇宙に移すところも出てくるはずです。

近々グーグルは渋谷にやってきます。

それも東急不動産の持つビルに、です。

世界のトップ企業が東京の丸の内以外に日本の本社を構えるなんて、しかも三菱地所以外のテナントに入るなど、かつては想像できないことでした。

しかしグーグルはまったく拘《こだわ》らなかった。

それと同じように、「ウチは宇宙でいいよ」という会社が現れるはずです。

社員の社宅も当然のように宇宙空間に建てられるので、地球に遊びに行きたいとなれば、みんなでシャトルに乗ることになりますね。

これは夢物語ではなく、企業が宇宙へと移動する時代はやってきます。

なんといっても太陽エネルギーがたっぷりありますから、ソーラー発電なんて利用し放題です。

地球の一定の人たちも居住空間を宇宙空間へと移しますし、その次の段階として、月も移住先として挙がってくるでしょう。

宇宙空間で何が大変かといえば、水の確保です。

火星の地下は水がたっぷりありそうですから、当面は火星本社という会社が増えるでしょう。

しかし、そうこうしている間にはワープエンジンも完成しています。今度は、「火星より地球型の惑星のほうがいいわね」となる。

その頃には見つかっているはずの、地球型惑星への移住も始まるでしょう。

誰もが遺伝子書き換えの時代へ

地球型惑星での暮らしもかなり現実的になってきたのではないでしょうか。

先ほど、酸素濃度の話をしましたが、実はヒトが暮らすための地球型惑星に必要なのは水や酸素だけではありません。命に関《かか》わる重大な課題があります。

例えば、宇宙線について考えてみましょう。通常の光線でも大気が薄い空間での紫外線は致命的です。

それがどれほど強いかは容易に想像でき、私たちの身体《からだ》などひとたまりもないはずです。宇宙服を着て宇宙飛行士が船外活動をするのも、そのためです。

しかし、宇宙服を着なくてもいい時代がやってきます。

環境に適応するような、「遺伝子書き換え」をすればいいのです。

遺伝子書き換えは、これからは特別なことではなくなっていきます。

鼻を高くしたり、目の色を変えるなどは注射一本でできるようになりますし、薬を一錠飲んで翌朝には金髪にイメチェンするなど、もう誰もがやるようになるでしょう。

このように遺伝子技術が治療ではなく、ファッションとして受け入れられるようになるのにあと十数年、30年は掛からないと思います。

さらに数十年経《た》つ頃には遺伝子技術ももっと進化していますから、宇宙空間に住める身体にするぐらい、簡単なことなのです。

惑星に合わせてカスタマイズもできますから、新たな個性も生まれるでしょう。ウエスタン風の星とか、みんながチョンマゲを結っている江戸時代風の星とか。しかも、そこでの公用語は日本語になっているかもしれませんね。

ただ、地球型惑星で実際に暮らすようになれば、地球に戻ってくることはないかもしれません。曽《ひい》お爺《じい》さんが亡くなったとしても、「あんな狭くて、しかも空気が悪いところは……」となりかねない。しかも、その地球は差別社会になっているはずです。

宇宙空間での暮らしが始まる以前、今から数十年後には人の居住空間は、地下へと拡張しているだろうと私は考えているからです。

『２０５０年 衝撃の未来予想』（ＴＡＣ出版）でも書いたように、地上もますます高層ビル化が進むなど可能な限りの拡張は行われますが、それも限りがあります。従って地下空間へと移動するのは必然ですが、地上に比べ、安全面や環境などで劣りますから、住人もそれに見合ったものになります。

つまり、お金を持たない人が主に地下に暮らし、資産家は地上という構図が生まれてしまうのです。

そんな地球に生まれた世代のその子供たちは、生まれたときから地球にいないし、もし地球に行くとなれば、逆差別を受けるのは当然でしょう。

人間の差別感情とは、進化すればするほど強くなるものです。

アメリカが良い例です。資本主義の成れの果てにどれだけの差別が生まれたか、ここで語らずとも十分理解していただけると思います。

となると、地球全体が地球人以外を差別するようになります。

そうなれば、宇宙生まれの人たちが地球に来るわけがありません。

せいぜい、外交団がたまにやってくるぐらいでしょう。

そもそも、それぞれの星に適応するように遺伝子の書き換えをしたら、地球には不適合な状態なのですが。

ところで、地球以外の環境に特化した遺伝子書き換えをした場合、誕生するのは果たしてヒトなのでしょうか。

「人類」という規範から離れ、『スター・トレック』でいう「ヒューマノイド型」の人類がどんどん宇宙に広まっていくのです。

もしかしたらそのヒトは、「宇宙人」と呼ぶべきなのかもしれません。

ヒトの寿命はどうなる

科学の進化は、ヒトの生き方も左右します。その基本となるのは遺伝子操作と知能操作です。

遺伝子操作に関しては、地球外への移住の話で説明したとおりですが、知能操作はどこまで行われるのか。

その答えは人間の寿命と深く関わってきます。

人間の身体の寿命はだいたい１２０年ぐらいです。

人間の細胞は遺伝子にアポトーシス（自死）がプログラムされているものであり、いわば「自然死」です。自然死とは、言い方を変えれば、「一定回数、細胞が増殖したら終わり」ということ。

しかし、これ自体は書き換えることができる問題です。

同じように、だんだん擦り切れていく細胞も書き換えることができますから、将来的には遺伝子操作で寿命を延ばせるようになっていきます。

ただし、生身の身体では限界があり、無限に延ばすことはできません。


一方、遺伝子書き換えをしなくても長寿命に耐えうる領域もあります。

脳です。

人間の脳は、放《ほう》っておいても200年ぐらいは生きるようにできています。

可動部品がなく、電気信号を発するだけなので、擦り切れるということがないからです。

ということは、こう考えられるのではないでしょうか。

最初の長寿命の人たちは、頭の中は生まれたときからの脳をそのまま維持しつつ、身体の細胞だけは人工細胞になっているわけです。

元気なおじいちゃんだけど、その年齢は180歳。そんな人が出てくるようになるのです。

ちなみに、その頃にはアルツハイマー病やガンなどは克服されていると思って問題ありません。

その１８０歳のおじいちゃんの身体、つまり、首から下の人工細胞は、チタンなどで作られているのが第一歩。そして、技術が進歩していけば有機化合物になり、最終的には自分の細胞から培養して作れるようにもなるでしょう。

ただし、法的な制約も出てくるはずです。

遺伝子書き換えが始まると同時に、おそらくクローン製造は禁止となり、長くその時代は続きます。倫理的なことを考えれば、それは当然と言わざるを得ません。

しかし、倫理が通用しない人もいます。権力者たちです。

彼らは必ずやクローンを作る。

そして、「私の細胞は人工細胞だ」と言いながら、実は脳だけをこっそりクローン製造した身体に移植しているのです。

本来、それは許されることではありません。だからこそ、誤解されないようにわざわざ合成皮膚にしたり、チタンを入れたりするのです。

今、ニューヨークで毛皮を着ていると、動物愛護などを訴える自然保護団体に非難の証《あかし》としてペンキをかけられます。

ですから私は見え見えのフェイクファーを着るのですが、それと同じで、クローンの身体であることがバレないように、これみよがしのシリコンを入れたり、フェイクの身体を持つしかありません。

いずれにしろ、遺伝子書き換えで身体をメンテナンスすれば、脳の寿命ギリギリの200歳ぐらいまでは生きられるはずです。

延命に関しては、最初の段階ではこのあたりが限界だと思います。

もちろん、100歳の頃とまったく同じというわけにはいかず、多少の物忘れや記憶力の衰えなどはあると思います。おそらくは120歳ぐらいからそうした症状は現れるだろうとは考えていますが、その頃の世界はロボットと人工知能が何でもやってくれるのですから、さほど困ることもないのではと思います。

ここで面白い話をしましょう。

クローン禁止と言いながらも今でも研究が進んでいるのはご承知でしょう。その研究でわかってきたのは、クローンは、社会的生活を経験しないと育たないということです。ＳＦ映画のようにチューブの中で培養するだけではクローン人間は出来上がらない。

これは生命という現象の不思議というしかありません。

社会的生活といっても特別なことではありません。

まず行うべきはしっかり運動すること。次に必要なのは食べること。私たちが当たり前に行っていることを、クローンも体験しなければならないのです。

さらに重要なのは、人との会話だそうです。いうならば、知的行動が不可欠ということです。

以上がクローン育成の必須《ひっす》条件になりますが、もし本格的にクローンを作るとするなら、クローン村を作るほうがいいでしょう。

そこで畑仕事をさせたり、ときには死生観を語らせたり、宗教について考えさせたりするなども良いのではという話になるのでしょう。


しかし、今の人権主義がそのまま維持されていく限り、地球で実行するのは無理でしょうから、どこかの惑星に村を作り、クローンを育てると考えるのが妥当です。

人類が地球外に移住するようになれば、「ウチの星は住民投票でクローン解禁になりました」とアピールし、クローンの住人獲得に乗り出してくるところがないとは言い切れませんから。

そうした星に興味を持つのは一部のマニアや権力者ですから、クローンもまた極々限られたヒトだけのものとして、しばらくの間は偏重されることになるでしょう。

遺伝子書き換えの次なるステージ

ここで再び遺伝子書き換えについて考えてみましょう。

おそらく20～30年以内には、身体の書き換えは病気治療のためならＯＫとなるのではないかと見ています。

同時に、軍人などの危険な仕事を担う人限定で、特定機能を特化するという場合も許可されます。

本格的な遺伝子書き換えはおそらく、このあたりから始まっていくでしょう。

そして、遺伝子書き換えがいったん始まれば、「人間は人間らしいほうがいい」と言いながらも本当はみんなが長生きしたいのですから、寿命をどんどん延ばそうとする。結果、〝人間らしい〟けれども、年齢は２００歳を超えている人間が出てくるわけです。

こうなれば、あとは一気に広まっていくだけです。

広まる条件は閾値《いきち》を超えること。その間も遺伝子を書き換えた人間は増え続けますから、ある一定数を超えるまでに最短で70～80年、１００年先であれば閾値も超えているはずです。

閾値を超えるということは、遺伝子書き換えも認めるしかない状況を迎えたということであり、世界では、全面解禁を認めるか否かを巡り、人々の間でデモが繰り広げられるようになるでしょう。

また、国によってもその賛否は分かれ、中には、「ウチの国は遺伝子書き換えＯＫです」などというところも出てくるはずです。

それは「東京国」や「北京国」かもしれませんが、長生きしたい人、病気になりたくない人は、ルール違反を承知で「東京国」や「北京国」に行くことを選べばいいわけです。

私は、そうした選択をする人が多くなりそうな気もしています。

人類の電脳化

遺伝子の書き換えは、鼻を高くしたり、足を長くするなどの身体の表面的なこと以外にも及んでいきます。

何を食べ物として生きていくかを選ぶこともできるようになり、例えば、「私は明日から草食動物になる」であっても問題ありません。

脳と体に書き換えをすればいいだけです。

つまり、いったん認められた遺伝子書き換えに、タブーはないのです。

脳すら書き換えるようになると、さらに世界は変わります。

まず、ヒトのＩＱは無限に上がることになります。

その頃は、人間とマシンのインターフェイスを繋《つな》ぐことが法的にも許されているでしょうから、脳は外部化していると考えるのが自然です。

つまり、ネットに直接接続した状態にあるわけで、知りたいことや必要なこと、もちろん仕事をするのであっても、ネットワークに繋げば済んでしまう。

今、ＰＣやスマホで行っているグーグル検索が、脳内で行えるようになるわけです。スマホを直接、脳に差す。そんな状態をイメージするのがわかりやすいでしょう。

脳にチップを埋め込むのは難しいことではありません。

すでに体内にチップを埋め込むことはやっているわけですし、遺伝子を書き換えるわけではないから、それほど違和感なく受け入れられるはずです。

この電脳化によって脳は大量の情報と直結することになります。

その情報もやがては電磁的なものとなると考えられ、そうなると私たちの日常はこれまでにない変化を体験することになります。

その一つが、隣の人との会話において、言葉を交わす必要がなくなるだろうということです。

そのためには常温超伝導の実現が不可欠です。

常温超伝導とは、現在は特殊な環境下でしか起こせていない電気抵抗がゼロになるという状況が、常温で可能になるということであり、まさにノーベル賞レベルの大発明です。

常温超伝導は様々な用途と可能性を持つもので、例えば、現在１トンのマグネットが使われている病院のＭＲＩ検査機も、小さなマグネットテープを１個貼《は》るだけで事が足りるわけです。

そんな超小型で高性能のマグネットが頭の中に入れば、脳の中の活性化状態も細胞に近いレベルで認識され、思考はすべて外部化することが可能です。

しかも外部とはスマホで繋がっているので、自分の考えていることは、隣の人に思うままに伝えることができるわけです。

思考のすべてを一切漏らさず伝えたいなら全部送ればいいし、視覚化したいなら画像でと、その形式も自由です。

常温超伝導を叶《かな》える物質はまだ見つかっていません。

しかし、そう遠くない未来には成功しているだろうと思いますし、私たちの未来を大きく左右するのは確実なだけに、いち早い発見を期待するばかりです。

そして実現したとき、私たちはまるでテレパシーを送りあうようにコミュニケーションができるのです。

100年後、人類は会話などしていないと考えてもいいでしょう。

代わりにヒトの声帯は、歌や演劇など文化や芸術のために特化した器官として扱われるようになるかもしれません。

もちろん、通信も可能なので、歌は声で出しながら、同時にメッセージを送ることもできるわけです。

あるいは、歌詞の情景を動画にしてもいいでしょう。

そうなると、コンサートもガラリと変わります。

ステージ上ではギターを弾き、声も出すというアナログ状態ながら、重要な情報はすべてデータで送る。見た目は今のコンサートとまったく同じでも、情報通信量は遥《はる》かに多いものとなって観客には届けられるでしょう。

テレビも、脳に直接投影できるわけですから画面など見る必要もなくなるでしょう。


一つの概念が変わると、また新たな変化も訪れます。「会話をする」ということがヒトから消えたら、「移動する」という概念もなくなるだろうと思います。

電脳で繋がっているため、情報のやり取りがその場にいながらにして可能だからです。

それは、自分の「目」を好きな所に持って行けるということであって、他人の目を借りると考えてもいいでしょう。

ニューヨークに住んでいる人とホームシェアリングをすれば、そのまま「目シェアリング」にもなり、あとは「あなたの目で見ているものを私の目でも見させてよ」と言えばいい。そのときあなたが東京にいても、リアルなニューヨークがその目に映るのです。

ハリウッド俳優の目を借りれば、そのまま撮影に参加することもできそうです。そうなれば、映画を通して超リアルなシミュレーションも楽しめますよ。

どこでも自由に目を持って行けるのですから、世界中の人と繋がることができるわけです。

つまり、いつでも世界の景色をダイレクトに見ることができるし、また、起こることもすべてをリアルタイムで共有できることになるのです。

もはや、わざわざ旅行なんてする必要がないと思いませんか。

ただし、天邪鬼《あまのじゃく》な人はどこにでも現れます。お金持ちなら、実際にニューヨークに行くことを選びたがるでしょう。リアルであればあるほど尊重される。お金がかかる時代ならではの道楽です。

もちろん、リアルには、事件に巻き込まれる「身体のリスク」がともないますが、安全なところなんて誰も興味を持ちません。まだ行ったことがない場所へ行きたがるのが人というものでしょう。

ですから、火星など最適です。

もし行くという人がいれば、その体験を大勢が共有したがるはずですし、事故に遭ったらそれも幸運。

さらに最悪のケースとして、死ぬこともあるかもしれませんが、その体験も共有できる。

リスクこそが、代えがたい体験をもたらすのです。

事故に遭っても幸運と言いましたが、100年後の世界は、「死」が憧《あこが》れの対象になっているだろうと考えられます。

寿命は遺伝子書き換えで延ばせますし、すべての病はほぼ解決しているはずですから、理屈上の寿命は無限です。そう簡単に、「死」とは出会えない時代なのです。

憧れの「死」と向き合うには、疑似体験しかありません。

死にそうな人に繋がって、「私も体験させて」と。しかしながら、これは誰かが死なないと実現しませんし、地球上ではクローン技術と同じで、法律が禁止するはずですから、そうやすやすと体験できることではありません。

とはいえ、抜け道があるのはいつものこと。

他の惑星に移住した人たちの中で、体験を売って金儲《かねもう》けをたくらむ人たちだって出てくるはずです。彼らにはきっとお金が入るでしょう。

ただし、「死」を売ったら本当に死んでしまい、使い道もないのですが。

火星での疑似体験は一例ですが、情報が共有できるのは地球上だけではないということです。量子化通信に距離は一切関係ありませんから、地球と30光年離れた程度ならリアルタイム通信も技術的に１００年もあればできるわけです。

ただ、誰かが30光年離れた場所に通信装置を持って行かなくてはいけないという問題はありますが、それはワープすればいい。その頃なら難なくクリアできることでしょう。

地球外にいる人たちと情報を共有し、まだ行ったことのない星を体験したいと思うのは当然です。

いろいろな星に行く人たちの体験を、スマホからの通信で1万人がシェアする。想像するだけでも楽しくなってきませんか。（そういう世界を恐ろしいと感じる読者もいると思いますが）

意識の遍在化

あらゆる情報をリアルタイムで共有できるようになるとはどういうことか。自分で考えて思考を導き出したつもりでも、実際は、どこかにアクセスした結果かもしれないということです。

東大の教授から直接歴史学の講義を聞いていようと、グーグルで検索していようと、その判別がつかないだろうと思います。

それほど知識の空間は混在化しています。

つまり人間は、全員が同じ知識を無限に共有することができるのです。となると、人間の個性はどこで差が出るのでしょうか?「知能」しかありません。「IQの差」が個性となり、それをいかに上手に利用するかが差となっていきます。

IQが担う重要な部分とは組み合わせや最適化ですが、それも現在のことばで言うディープラーニングなどでできてしまうことです。

ですから本当のＩＱだけが勝負になる。

この世に存在しないものを生み出すクリエイティビティや、より高度な抽象化能力などの差だけが、人の価値の差になっていくでしょう。


余談ですが、１００年後には、「嘘《うそ》つき」は絶滅しているでしょう。

だって、みんなが同じ情報を共有しているのですから、嘘をついてもすぐバレてしまうでしょ？

嘘といえば、政治家も消える運命にありそうです。

中でも筆頭は代議士です。

その頃には「代議」などは行われませんから、代議士という仕事もいらないのです。

それどころか「士」が付く職業はすべてなくなると思います。

そもそも、「士業」の「士」とは「代理人」という意味であり、本人の代わりに弁護してくれる人だから「弁護士」、会計してくれる人だから「会計士」です。

いずれの仕事もＡＩが行うようになるので、つまりは、全部本人だけでできるようになるということです。いろんな仕事がいらなくなっていくでしょう。

仕事にはその人の個性が出るともいわれますが、そうした捉《とら》え方もできなくなるかもしれません。すべてと繋がってしまう時代は、まったくの異次元なのです。

また、２００年あるいは３００年先ともなれば、「個人」という概念もなくなっていくのではと思えるのです。

考えてみれば、それも必然なのかもしれません。

知識や思考が隣の人と一体化し、身体の一部は同じコンピューターに繋がり、さらに首から下は同じバーチャル空間に存在していると考えられる数百年先。

その状況でいう「個人」の差とは、脳が特定の「個」である以外にありませんし、その間は「個」という概念も残っていると言えるでしょう。

しかし、脳がその寿命である２００年を超えたときどうなるかと言えば、違う細胞に変わっていくしかありません。

それまでにクローンと同じく、「自然細胞の培養を許すか否《いな》か」で議論することになると思いますが、結論としては、脳そのものは神経単位でのクローンが認められるようになると私は考えています。

自分の脳細胞を自分の脳に入れるために培養しているのであれば、問題なしとなるでしょう。

また、脳細胞の電気信号は実は遅いので、速くするために頭の一部を光コンピューティングや量子コンピューティングにするという選択も出てきそうです。

自然細胞を増やす、もしくは脳の一部を光コンピューターや量子コンピュータ化する。それがこの２００年のうちにも起こるだろうと見ています。

そうして脳細胞に手も加えて３００歳となる。しかし、その人が持って生まれたオリジナルの脳細胞はゼロ。脳細胞のクローンはたくさん残っていますが、それはオリジナルではありません。

そうなった場合、「個」の概念はどうなるでしょうか？

個人の「個」の証明ができるのは脳だけなのに、「私には1％ぐらい自分の脳細胞が入っています」という人についてどう判断すればいいのでしょう。

脳細胞のメンテナンスは角膜移植のように容易に行えますから、一人の頭に10人分ぐらいの脳神経が入ることになったとしても、それは全体の1％ぐらいにしか当たらないはずです。

残りはマイクロソフトから買った量子コンピューターと国から買った光コンピューターかもしれません。そのとき、「個」の概念はあるといえるでしょうか。

意識の概念は残ります。

意識は個人単位ですが、身体性という意味での「個」という概念はなくならざるを得ません。

これは２００年、３００年先の話です。自然脳のオリジナルがこの世からなくなり、すべてクローンになって、コンピューターで繋がるようになったときのことです。ただし最初の兆候は今から70～80年後ぐらいに起こります。

また、１００年後には２００～３００年後の世界の兆候もはっきり見えるはずです。

その頃には「個人」の概念ははっきり消える。「人権」も一人単位ではなく、「国」単位になっているかもしれません。

遺伝子書き換えが招く人類滅亡の危機

先ほど「死すら憧れになる」と言いましたが、遺伝子書き換えによって人の寿命を自在に延ばせるようになれば、当然ですが寿命という概念はなくなります。

しかし、それは手放しで喜べるのでしょうか。

私は、寿命がなくなることで二つの問題があると考えています。

一つは人類滅亡の危機です。これまで人類は無数の転生を繰り返すことで進化を遂げてきたわけです。

死が訪れないということは、すなわち、進化が止まることを意味します。

そして、進化が止まれば、滅亡の可能性が高まりますから、リスクを避けるために策を打つことになるはずです。

ランダムミューテーション（突然変異）をわざわざ自分の身体に入れて、少しずつ進化させていくという方法はその一つとなるかもしれません。しかし、これは真剣に考えるべき課題だと思います。

もう一つの問題は、子孫です。

当然、自分の子孫を残したいという欲求も生まれるでしょう。

しかし、ここにも法律が立ちはだかります。誰も死なないのですから、人口は増えるばかり。そこに、子供がどんどん生まれていったら、人口が爆発するのは必至です。

ですから、こういう法律が生まれます。

「１００年に一度子供を作ることができる」。

しかも、それは条件付きで、１カップルに付き１人という限定です。

これは１０００年先、２０００年先という時間の中で起こることだとは思います。

しかし、そのスタートは１００年以内に確実に始まるのです。

近い未来でも、人口爆発を防ぐために子供を作る権利が制限され、厳しくなっていくのは必然の流れだと予測できます。

現在はまだＧＤＰによって国家間の競争が行われているため、人口へのこだわりがあります。これまでも説明したように、手っ取り早くＧＤＰを上げる方法は人口を増やすことでしたが、それはもう通用しなくなるのです。

しかし、70～80年代を生きてきた人は、どうしてもそこから抜け出せない。いまだに日本政府が「子供を増やせ」という理由もここにあります。

ＧＤＰという箍《たが》が外れるのは「国」という単位がなくなることから始まります。「東京・北京連邦」などに変わっていけば、「人口」という概念は、ＧＤＰとは無関係にならざるを得ないのです。

そして、「ＧＤＰを伸ばす」というプレッシャーがなくなった瞬間に政府は、当然、「人を増やしましょう政策」もやめる。

寿命も無限に延びていくわけですから、法律は「いかに子供を作らせないか」という方向に舵《かじ》を切るしかなくなるというわけです。

以上のように１００年後を語る上で、科学の先端分野となるのは量子コンピューティングと、遺伝子の書き換え、そして意識の遍在化です。

しかし私は、別の分野にも目を向けるべきだと考えています。それは「精神エネルギーに関わる工学部分」です。

「精神」とは情報空間です。そして、情報空間はエネルギー状態ですから、情報空間のエネルギーをいかに物理空間に変えていくか、もしくは情報空間のエネルギーをいかに隣の情報空間の操作に利用するかという、精神的なエネルギーの利用法がこれから一番重要なテーマになっていくだろうと思うのです。

いうならば、「フォース」の使い方です。

『スター・ウォーズ』はまだ個人レベルでしか「フォース」を使えていませんが、フォースコンピューターが生まれれば、フォース砲も生まれるでしょう。

つまり、ミサイルなどはフォースを飛ばせばいいということになる。精神エネルギーとはそういうことです。

現在、精神エネルギーの研究は一部に留《とど》まっていますが、次の重要なテーマとして必ずや精神エネルギーが台頭してくると踏んでいます。

そして精神エネルギーを客観的に使いこなし、その力が一番強い人が権力者になる。ついに、リアルなジェダイ・マスターが誕生するのです。

第3章
飛躍を遂げる新たなる日本人の姿とは

これからの日本は豊かになる。圧倒的な存在感の根拠は。

お金が法律を作る時代

もし仮に単純に寿命が2倍に伸びたとして、経済的に成功する人たちは何歳くらいで資産を手にするでしょうか。

例えばビル・ゲイツのような人材がいたとして、おそらくそうした人たちは大学生ぐらい、20歳ぐらいから成功するでしょう。

一方で、40歳や50歳、１００歳で資産家になる人もいるかもしれませんし、当然失敗する人も出てきます。

成功する人というのは、さらに１００年間それを重ねています。

その過程は様々ですが、自分で政治家になる人もいれば家族を政治家にする人もいます。

長い世代にわたって政治を動かす人もいます。アメリカのデビッド・ロックフェラーなどがいい例です。

自分は政治家にならなかったけれど、弟は上院議員になって、婚外子は大統領にまで上り詰めています。

さらには係累に大統領や副大統領までいるわけで、大統領の首を挿《す》げ替えるぐらいの権力者になるわけです。そのときはもう60歳か70歳になっていました。

これを現代に当てはめてみると、マーク・ザッカーバーグがあと２００年生きたらデビッド・ロックフェラー以上になるかもしれないわけです。

つまり、ほんの一握りの大資産家が経済を完璧《かんぺき》に牛耳《ぎゅうじ》り、イコール政治も完璧に牛耳るわけです。

こうして、ごく一部の人たちが実際の政治経済を全部握って、そのまま軍事も握って、残りの人たちはさらに小さい地区でそれをやっていくという時代が続くでしょう。

そうなったときに、今の貧富の差が、「貧富」というレベルではなくて、人間と人間でないものぐらいのレベルに拡大していくでしょう。

そういう人たち、一番ハイクラスの位置にいる人たちと最下層の割合は、1対9億9999万くらいになると思われます。

今はやりのビットコインは一つの経済圏といえますが、全世界でビットコインで資産をなしているトップの人たちは20人くらいです。

実のところは、たった20人が全体の85％を持っているのです。

よく1万人がビットコインの90％を持っているて言われていますが、あれは誤りです。

本当のトップは20〜30人で、それが全体の9割近くです。

そして、その下に100万人ぐらいのお金持ちがぶら下がっていて、これを中流階級と定義すると、地球の人口から考えて残りは99％といえます。

このぐらいのレベルで現在で既に貧富の差が開いているわけです。

もちろん、そのひとつは日本です。

1万人ぐらいは好きな仕事をし、その下にそれぞれ1万人の部下の人たちがいる構造なのです。

これを中国で言うと、中国の人口は公称13〜14億人ですが、本当のトップは約３千万人の共産党員です。

３千万人というと多いように聞こえますが、13億人に対しての３千万人と考えますと、だいたい人口の2.3％ぐらいがこれに該当します。

その中のさらにトップクラスの1万人となると、もう国なんて関係ないといえますよね。それぞれの国が彼らの支配下になっている構図で、これはすでにそうなりつつあります。

そうするとそれぞれの国に、その国の人口の１〜３％ぐらいの彼らの部下がいることになるわけです。

日本においては、高級官僚、一部の国会議員、一部の上場企業の幹部がそれに当たり、その人たちはおそらく、中流階級と規定できます。

この構造は固定的で変わらなくなるでしょう。

なぜ変わらないか。

すでに今の時点で富裕層でないと東大に行くのが難しいことがはっきりしているように、ヨーロッパなどにある本物の高級ボーディングスクール（全寮制の寄宿学校）などは年間で3000万円近い学費がかかります。

その上で、きちんとした服を着て、良い車で送迎がついてとなると、3000万ではとてもじゃないですが、済むわけがありません。

若干余談ですが、ヨーロッパで年間3000万払って子供を学校に行かせている親にはもう仕事なんてありません。逆に働くと「みっともない」とか言われるレベルです。

「働く」ということは「貧乏」の証《あかし》なんですね。

ヨーロッパの名家出身の友人は、「俺は働くと親戚《しんせき》に怒られるんだ」とよく言っていました。

これはあくまでヨーロッパという地域の話ですが、こういう環境でないと上流階級にはなれないのです。

こうした流れは１００年以内には社会的な制度に変わっていくと思われます。

なぜなら、法律を作るのはお金だからです。

お金が何よりも有利になる時代が来ます。

日本でも最近法律が改正されましたが、金融商品取引法では仮想通貨は適用外に置かれました。

これはつまり、相場操作規制の対象にはしませんので、通貨として自由に売買して、勝手に儲けてくださいというお墨付きを与えたわけです。

しかもインサイダー取引の対象にもなりませんというすごい法改正です。

これは仮想通貨に相応の政治力があったということです。

ただ、コインチェック問題もあり2018年4月10日付の政策転換で、金融商品並みの規制がかかることになり、更に半年後ぐらいを目安に仮想通貨で資金決済法ではなく金融商品取引法の項目に入れる法改正が検討されているようですが、お金で法律は作れる。これは実証されたわけです。

TPPや貿易交渉もそうですよね。法律を動かしているのは外資系企業などがほとんどです。

これは大富豪の時代から変わっていないのです。しかも現代人の寿命は延びて、デビッド・ロックフェラーがついこの前まで生きているような時代なわけです。

人工知能のインフラ化で世界は変わる

こうなると、「仕事」の定義も変わってきます。ほとんどの人たちは人工知能のメンテナンスが仕事になると言っても過言ではありません。

人工知能のために生きることになります。

人工知能といってもピンと来ないかもしれませんが、アメリカでは中流階級の家庭でも車が家族に1台あるように、アレクサやグーグル　ホームが一家に何台もある時代が来つつあります。

そうやって置いているだけの人工知能もあればロボットになって動く人工知能もありますが、これらは全部巨大なネットワークに繋《つな》がっていて、そのためのメンテナンスだって結構大変なわけです。

人工知能が今で言う電気や水道、ライフラインになっていきます。

町中、いつ見たって必ずどこかで道路工事しているのと同じことです。

日本全国、全世界で常に人工知能のメンテナンスが続いていることになります。

これが公共投資となると、かかる予算は桁違《けたちが》いになります。

人工知能は将来、簡単に言うとアンドロイドになって見栄《みば》えも人間と変わらなくなりますが、アンドロイドたちは中流階級に奉仕するために存在していることになります。

中流階級が使うアンドロイドたちは半端じゃない数になるわけで、誰かのメンテナンスが必要になりますよね。それがほとんどの人の仕事になるのです。

そして、こうした構造になると、大多数の人々は地下に住む時代がやってきます。

現在は技術的な問題で高層マンションを建てて上に伸ばしていますが、将来は地下に伸ばしていくことになります。

地上の安全な所に住むのは、一部の高級官僚や大企業のトップになるでしょう。

人数分布的に見れば彼らは充分エリートで、日本の企業で上から500社までの幹部が一社につき100人だとしても5万人ですから、人口の1%である100万人の中に入ってきますよね。こういう人達と外資系従業員が地上に住める人たちです。

では、地下の生活はどうなっていくか。

これは、今とまったく変わらないでしょう。

なぜかというと、太陽は人工太陽だし、ビルの壁はディスプレイで、絶えずホログラムで景色が映し出されている世界だからです。

だから住んでいる場所は地下だけれども、見ているものは今とまったく変わらないのです。

地下には都市があって、それも三重四重層になっている。しかも値段が微妙で最下層は高いけれど、地上付近も高いとか、そんな感じです。

ドバイのショッピングモールなんてまさにそれです。

水族館もスケートリンクも映画館もある。世界最大サイズといわれていますが、あまりに巨大です。それがそのまま地下に何層にもなって移るとイメージしていただけるとよいと思います。

今の技術だと地下水やら地殻変動でなかなか難しいですが、100年も経《た》てばその辺のリスクは解決されているでしょう。

断層地震が来たらという心配はありますが、今湾岸地区の埋め立て地に住んでいる人たちだって同じことですよね。

ただ一握りの富裕層は、当然、地上の最上層に住むでしょう。

地下市民と地上市民

地下に住む人たちの生活はどうなるでしょうか。

娯楽などはほとんど今と変わらなく供給されると思います。ただ、今でいうVRにあたる立体視ができるゴーグルを24時間しているような生活嗜好になっているはずですが。100年後のVRはリアルとバーチャルが全くないですから。

貧しい人たちはそうやって管理された安全な社会で何の疑問も抱かずに暮らしていくのです。

宗教もどんどん流行《はや》るでしょう。

宗教は政治や経済のためにあるからです。

だけどその恩恵にあずかっているのは、日本ならおそらく1万人もいないでしょう。

現時点ですらそうなのですから、未来はどうなっているかということです。

しかも巧妙に隠され、ますます利用されていく傾向になるのではないでしょうか。

新しい宗教もいっぱい出てくるでしょう。

でもこれは、今の時点ですでにそうなっていることなのです。

今の国際政治はすべて出来レースの世界です。

その出来レースに乗った人だから世界の表舞台に立っているのです。

米朝が仕掛けた出来レースでありもしない北朝鮮の核攻撃に備えてJアラートを鳴らして国民がおどされたのがいい例です。

そのシナリオを書いているのは、世界に100人ぐらいの支配者たちです。

こう考えると100年後もあまり今と変わらないように思えてしまいます。

しかし、ここまでは「地上の話」です。

対して、宇宙空間ではこうした「体制」から完全に自由になれます。

宇宙開発が進めば、今度は宇宙空間に独立国がいっぱいできる。

まず、民間企業が自由に人工衛星を打ち上げられる時代がやってきます。

一個の独立した衛星がたくさん存在する時代です。

富裕層だって権力が一つだったら面倒ですから、他の同じような富裕層が衛星や宇宙ステーションを何基あげようが関係ないですという人たちがどんどん独立していくんですね。

通貨の発行だって自分たちでできるようになります。現在だって既に仮想通貨だけで時価総額数十兆円の時代なのですから。

しかし、地球上にいる限りそんなお金を持っていても、いくら価値があってもちっとも自由にはなれません。下手したら後ろから撃たれるリスクだってある。

だから、「宇宙空間に行ける」というのは最大のメリットになって、ほとんどの人が宇宙空間に行きたがる時代が来るわけです。

もちろん、行ける人たちはここでも限られているわけで、いざとなったらいつでも地球に戻れる人たちです。

現代で言えば、高い税金が嫌でシンガポールに住んでいるような人たちをイメージするとよいでしょう。

こうなると、「日本人」という概念はどうなるんでしょうか？

簡単に言うと、今で言うユダヤ人みたいなものになるといえるでしょう。親が「お前は日本人だよ」と言えばそれを受け継いでいく。

その頃にはもう、地域的な意味での「日本」は残っていませんから、文化として受け継いでいくことになるのではないのでしょうか。「あなたは日本語が喋《しゃべ》れるんだ、なら日本人ですね」って。

もちろん、これはすべての人々がこうなるという意味ではありません。ただ、宇宙に住む時代が来ると、重力などの関係もあり、宇宙でしか生きられない子供たちも出てきます。また、宇宙線が強いから、ミューテーション（突然変異）する人も出てくるでしょう。

しかし、これが「宇宙人」の姿なのです。

「日本人」という概念

宇宙時代がやってくると、言語も好きな言葉を選んで喋れる時代が来ます。翻訳も脳の中で勝手にしてくれる時代です。ですが、先ほど述べたようにネイティブな言語は文化としてまだ残るでしょう。

しかし、それを取り巻く環境は大いに変わるわけで、今では考えられませんが、民間企業が今でいう国連に加盟できて国家として扱われるような時代が来ます。

税金はその国（企業）の間で重役同士で決めるような世界が来ます。税金なんて勝手に分割されてネットで引き落とされるだけになるでしょう。人々が国家に所属する時代ではなくなるのです。だから国籍というものはアイデンティティとしてのみ残ることになるでしょう。「お前は日本人だから」と親から言われるだけ。

でも、これだって、現代にもたくさんあることです。

私の親友の俳優のスティーブン・セガールはアメリカ人ですが、「俺はロシア人だ」と言っています。最近になって、親がウラジオストク生まれということがわかったそうですが、それだけでなくプーチンさんから本物のロシアのパスポートをもらっています。最近モスクワで会いましたが、これからはモスクワに住むとまで言ってます。いろいろなものがこうして曖昧《あいまい》になっているのは未来だけではないのです。

こういう世界に住むのはちょっと……と思う人もいるかもしれません。

しかし、想像してみてください。

江戸時代の人々が今の我々の生活を見たら、どう思うでしょうか。同じことをきっと思うのではないでしょうか。

同じ国にだけ税金を払って、１００％頭の中をコントロールされている今の人の姿を見てどう思うでしょうか。

これがますます激しくなっていくだけのことなのです。

日本に法的な「階級制度」はなかった

日本人は豊かになるのか貧しくなるのかという前に、「日本人」の定義が大きく変わります。

多くの人が思っている「日本人」の意味がです。

まず法的に完璧な階級制度が導入されるでしょう。

国民で言うと明治から大正期のように、一定額を納税した人とそうでない人で実質的な権利が変わってきます。

おそらくどちらも憲法的な意味での「日本人」というところは変わらないのですが、実質は権利が全然違います。

果たして、こういう状況下でも同じ「日本人」と呼んでもよいのでしょうか？

おそらく、分断された日本人と日本人の間に外国人が割り込んできます。

階級制度で言うと、日本人、外国人、日本人のような順番です。

一応、民主主義国なのでそれは表に出ませんが、インドのカースト制度のようなものので、あくまで建前は平等で、実際にはすでに階級制度的なものは存在していますよね。

例えば、歌舞伎《かぶき》は昔「河原者《かわらもの》」だった人たちの子孫が続けていたわけですが、歌舞伎関係者は今では上流階級に属している人たちです。

これはほんの200年前の日本人が聞いたらびっくりすると思います。

つまり、日本人はこうした逆転現象をほとんど気にしないのです。

戦争の時代を思い出してください。

昨日まで「鬼畜米英」と言っていた人たちが、戦争に負けて一週間も過ぎれば「ギブミー・チョコレート」と言っているわけです。

もちろん、メディアコントロールなどもありますが、明治維新だって一週間とまではいわなくても数カ月で徳川から薩長《さっちょう》の世の中に変わってしまったわけです。

つまり、日本人は既存の価値の中で何が良くて何が悪いか、特に人間の上下関係で誰が偉いか誰が偉くないかを簡単に変化させるような民族なのです。

明治維新で薩摩や長州の武士が華族に上がったように、戦中までは日陰者だった白人との混血児が、戦争に負けてアメリカに支配される時代になったら、モテる時代が来たように、日本には制度化されていない、いつでも逆転する可能性もある身分制度がすごくはっきり存在しているのです。

これが制度化されたのは明治維新以降で、それまでも江戸時代の「士農工商」のように職能上の階級制度はありましたが、生まれた時点から人間としての上下があるという観念は日本には乏しいものでした。渡来人の世界には似たものがありましたが。

アメリカ式のいわゆる奴隷制もありません。

西洋型のシステムを明治政府が取り入れて、法律上「華族」という上流階級が生まれたのは、明治維新以降なのです。

つまり士農工商や公家は法律で定義された存在ではなかったのです。

では100年後はどうなるか。

簡単に言うと身分の差はお金で決まる時代が来ると言えます。

お金で決めるときには、おそらく「日本」の最上位層の多くはもう「日本人」ではない可能性もあります。

これは今で言えば、グーグルの社員やそのときに流行っているビジネスで稼いでいる人たちですね。

彼らはどこかの高級レジデンスの最上階に住んだりしているのではないでしょうか。

日本にいる人でありながら、日本人ではない人たちの誕生です。

今だって日本の最大の富裕層は中国人なわけで、大きな企業で実は持ち主が中国人という会社だって実はすでに結構あるのです。

こうした構図がはっきりした時代が来るといえます。

これから次世代の企業ができたときに、本当の富裕層はもう日本人ではないのです。

潜在的な身分制度が完成していて、彼らは「日本人」として日本の国籍も堂々と買えるでしょう。

すでに他の国ではこうしたシステムは存在しており、移民でも一定の金額を銀行の預金に入れれば事実上その国の人として扱ってもらえるわけです。スイスやモナコなどがそうですよね。

では参政権や選挙権がどうなるかという疑問がわくと思いますが、そんなものはもう関係ないのです。

なぜなら彼らは投票なんかしないでも政治家を直接動かせるのですから。

日本で仮想通貨が流行り資金決済法が改正されカジノ法案が成立し種子法が廃止されたのは、全部一部の中国人とごく一部のアメリカ人が動かした結果です。

選挙なんか必要ないのです。しかも、ありとあらゆる権利において日本人と同じものを持っている。場合によっては日本人よりも優遇されています。

こうなると、日本人が豊かになるのではなく、日本という国が豊かになる一方で日本人が相対的に貧しくなっていくのです。

前述したように、日本国内に豊かな人で純粋な日本人はほとんどいなくなる時代が間もなく来ます。

例外もあります。

それは、その中で彼らとつるんでいるごく一部の人たちです。

例えば、今の仮想通貨で稼いでいるような人たちは本人達が知らなくても中国製のソフトウェアで交換所などを動かしてますから、中国人と組んでいる人たちですから、外国人と組んだ日本人だけは豊かになれる可能性はありますね。

ただ、仮想通貨に関していえば、これら中国人は習近平政権に国外に事実上追放された人達ですが。

日本人としての教養とは

ではそんな時代に生きる日本人が「個人として身に着けるべき技術や教養」とはなんでしょうか。

これも前述したように、まず言語は一切関係なくなります。

ちょっと面白い話をしましょう。

今、カッコいい英語を書きたかったらどうすればいいかご存知でしょうか？日本語で文章を書いてグーグルで翻訳して英語にし、それをネイティブチェックすれば完璧な本物の英語ができます。

もう英語の文章なんて書く必要がないのです。日本語で書いてグーグルに流したほうがいい。

それぐらいグーグル翻訳の精度は上がっています。意味が違うことがあれば、そのときは元の日本語を正しい英語が出るように修正すればいい。

しかもこれは「今」の話なのです。「100年後」ではなくて。

つまり、今ですらそのような状態ですから、100年後は、おそらく日本のネイティブ言語は日本語じゃなくなっている可能性が極めて高いといえるのです。

それに、100年後の日本は、中国の州になっている可能性だってあるわけです。先に述べた、「東京国」「北京国《ペキン》」の連邦制のことですね。「東京国」は「北京国」に入らないと思いますが、北海道や九州などの地方はそうとは限りません。

地理的にも中国のいくつかの新国家と連邦制を組むと予測できますから、言語だって中国語が標準語になっている可能性が高いですよね。

こうなると、日本語はおそらく東京や大阪など一部の「地方」が維持する、いわば「方言」のような扱いになると思われます。

中国と組むと、中国は漢民族の文化の浸透度が高いので、現在のチベットでチベット語を喋れないチベット人がいっぱい生まれているように、もしかすると九州や北海道の人は日本語が喋れなくなる可能性だってあるわけです。

おかしな話と思うかもしれませんが、「それが世界の標準語なんだからＯＫ」という論理になると果たしておかしな話でしょうか？

それをどう見るかは別として、日本語を喋っている地域は東京や大阪ぐらいになるでしょう。

その他の地域は自分で連邦制を組んだ国と結びつきますが、おそらく圧倒的に多いのは英語になるでしょう。

なぜか。この時代になれば、もう物理的距離は問題ではなく、情報空間で好きな国と契約が結べるようになるからです。

多くの契約を結んでいる国は英語を使っているでしょうね。ヨーロッパだって英語が勝ちます。

今のＥＵだって、イギリスが離脱するにもかかわらず英語が公用語ですから、普段の生活の場だけで母国語を使えばいい程度になります。

では日本語はどうなるか。

「日本」という国の中で日本語を使う人が3〜4千万人ぐらいでしょう。もうちょっと行くかもしれない。

なぜなら、人口は商業都市に集中し、そこの経済圏でだけで生活が成り立つからです。

今だって東京には1千3百万人いるわけで、そこに千葉や神奈川の通勤圏を含めて約3千万人の「東京国」になります。

関西でも近畿を中心とした「大阪国」に2千万人いると考えると、そのときの人口次第ではありますが、この2つの経済圏だけで結構な数にはなります。

つまり、言語はいかに自分のネイティブ言語を正確に喋って、いかに翻訳機に正確に翻訳してもらうかという時代になるわけです。

日本語の喋り方だって変わってくるでしょう。

英語や中国語に正確に翻訳される日本語を喋らないといけなくなってきますよね。

では言語がフラット化した中で、伝統や文化、技術や教養はどうなるかという話です。

これまで日本社会を支えていた徒弟制度がなくなる一方で、特殊な技能があれば上流階級に入れる可能性だって出てきます。

未来において評価されるのは時代に関係なく特殊な技能で、それはテクノロジーとしての技術ではなく、才能としての技能といえます。

だから未来の日本人は、技能で生き残る人が出てくる可能性があるのです。

「技術」と「技能」は明確に違います。

例えば時計。

セイコーの時計に入っているのは「技術」ですが、例えば私の時計（グランドセイコー）にはスプリングドライブとクォーツが入っていて、クォーツなのに機械式時計なので、これはもう「技術」と「技能」の融合といえます。

現在の時計の主流はクォーツ式ですが、未来には腕時計は原子時計や光格子時計になっているでしょう。

未来の時計は光格子技術などによって300億年に一秒ぐらいしか狂わなくなるでしょう。

ところが、未来においては300億年に一秒ぐらいしか狂わない時計よりも、一日に2秒も狂うような機械式時計のほうが値段が高くなるはずです。

なぜならそれが「技能」だから。

技術は人工知能のほうに行ってしまうけれども、そうではない「技能」のほうが重宝されるシーンが絶対出てくる。

日本人は「技能」に生きるほうが向いている民族です。

そうした「技能」を買うのは最上級層ではなく、実際には最上級の一つ下の層であったとしても、最上級層は尊敬してくれるでしょう。

どういうことかわかりますか？

これは、今のスイスの独立時計技師たちがこうした状況になっているのです。

最上級層は銀行のオーナーたちや各国の王子たちですが、彼らが仲良くしているのは独立した技術を持った職人たちなのです。

ただし、れっきとした階級社会だから、同じテーブルで同じ席に座れるかと言うとそれは違うのですが、これと同じような状況が未来ではやってくるといえます。

日本で今かろうじて生き残っている「技能」の一部が細々と、しかし支援を受けながら生き残っていくのです。

「技術」で日本が生き残っていくことはもう無理です。

３００億年に１秒しか狂わない光格子時計の試作品を日本人が作っても、それを腕時計に入れるベンチャーはもう日本発ではありません。

こうなると「日本人」というアイデンティティそのものに意味がなくなり、単なる経済的な強みだけが維持されていきます。

「日本文化に根差した」技能と経済

「レンティア型国家」という言葉をご存知でしょうか。

レンティア型国家とはＵＡＥ（アラブ首長国連邦）やサウジアラビアのような産油国みたいな所のことで、超過利益を意味する「レント」に由来します。

イギリスの学者が言い出したことですが、要するに、自国民の労働に依存しない、自然資源だけで成り立っている国のことです。

そういう国家では独裁体制が成り立ち、政府が国民に忠誠を誓わせる代わりに国民を食わせる体制になります。

おそらく、１００年後にレンティアとして生き残ってる国はほとんどないでしょう。

しかし、日本は今後レンティア型になっていくのです。日本には資源はないけれど、レンティア化します。

今の日本では日銀が発行した「円」が外国企業や投資家に流れ、彼らが日本企業を買収しているわけですが、日本の「技術」を持っているところはみんな外国人に買収されてしまう。

しかし、「技能」は個人につくものだから買収のしようがないのです。

「技術」と「技能」の最大の違いです。

ここが日本の生き残る道で、「日本文化に根差した技能」だけはどこにも持っていけないのです。

親が日本人で、育ったところが東京の下町や京都じゃないといけない、そこに直結した「技能」だけが残る「技能」に立脚したレンティア型国家になるわけです。

例えば三味線《しゃみせん》ひくのが上手だったり、扇子《せんす》を作るのが上手だったり、お正月に浅草に行けば見られるようなものが生き残っていくのです。

しかも、マーケットは全世界に広がった世界です。

ジュネーブの大金持ちが15分で浅草に来られるようになった１００年後の世界で、日本の「技能」はレガシィとしてアマゾンで買えないものとして残っていくのです。

これだって生き残る一つの道です。オーナーにはなれませんが、「特殊な技能の持ち主」としてオーナーたちに尊敬されます。

ドバイのお金持ちがパテック・フィリップの技術者たちを尊敬しているように。

その「技能」をうまくコーディネートする人たちも出てくるでしょう。

以前私は、これからは「心」の分野に目を向けるといいのではと述べました。この「心の分野」と「技能」はリンクします。

なぜなら、このテクノロジーに関しては、日本は進んでいるからです。

禅などに代表される「精神統一の仕方」や古武術などの身体《からだ》の使い方がそうです。日本の歩き方は円運動が基本で、きちんと踵《かかと》から付いてつま先から離れれば足音はしませんが、これも立派な技能です。

また、世界中の特殊部隊がトレーニングに導入している「システマ」や「クラヴ・マガ」だって、もとは100％日本の古武術です。

古武術は、敵が斬《き》りかかってきたとき、刀を抜いたときには、実はその敵が死んでいるということを実践するわけですが、相手が勝ったと思ったときは実は死んでいるというのは心の書き換えができているわけです。

これは、江戸時代２６５年間のうち、２１５年も続いた鎖国で極めた「技能」です。日本の「技能」は全部、徳川幕府の鎖国政策のおかげで出来上がったようなものです。

日本が鎖国していた頃、よその国はとっくにガトリング砲で戦争していたのに、日本は「刀以外は許しません」とルールを課していました。

その前の戦国時代は槍《やり》で戦っていて、槍のほうが圧倒的に有利とわかっているのにそれさえも禁止にしました。槍を持って歩いてもいけない。二本差ししか認めなかったのです。

実際その頃誰も戦争なんかしていませんし、武士なんか人口の７％くらいだけれど、朝から晩までその使い方だけを研究し続けていて、新しい武器は全部よその国から取り寄せて、それへの対処法を考える。琉球《りゅうきゅう》の沖縄手に対してどう対処するか、トンファーやヌンチャクへの対処法から、種子島の取り上げ方までです。

他の国の武器を取り寄せてはそれへの対処法を考えて、その215年間で「技能」を築き上げてきたのです。

これは、武道に限ったことではありません。

江戸文化はほとんどがそうです。

江戸切子が今でも評価され、からくり人形だって現在でも精巧なものが作られています。もうなくなってしまった「和時計」なんてものもありました。

昭和になって復刻したものも含めて、江戸時代の215年間の鎖国で出来上がった日本の特殊な独自の文化に関《かか》わる「技能」。これは日本人の特権なのです。

スイスの時計が近いですよね。

ブレゲが発明した200年前の技術があり、ゼニスの職人が屋根裏に隠した設計（ムーブメント）を今でも守って使っているから、スイスの時計というブランドが生き残っているのです。

ゼニスは一時期アメリカの電気会社に買収されて、クォーツに移行することになり、機械時計の金型まで全部捨てろと言われたのを職人がそっと屋根裏に隠しておいたのです。その後スイスの企業に買収されて復活し、今のエル・プリメロになり、ロレックスにライセンスするまでに復活しました。

スイスの時計業界と同じように、日本にだって２１５年の鎖国という極めて特殊な事情から発展した技能がたくさんあるのです。


これは、人工知能がどんなに発達しても、真似《まね》できない領域です。

なぜなら相手は人間だから。

人工知能が狙《ねら》う相手は人工知能だからです。

これからは、アメリカ、ロシア、中国がそれぞれ開発した人工知能の三つ巴《どもえ》の戦いがずっと続きます。

それも我々の目に見えないところでずっと戦いが続くのです。かつての冷戦時代のようなものですね。

しかし、それはあくまで人工知能の戦いです。

アメリカの人工知能が勝ってもロシア人が「負けました」と言わない限りはロシアの負けになりません。そんな戦争の時代が続く中、人工知能を使わないで相手に「まいりました」と言わせる技能に特化したほうがよっぽどいいですよね。

これが日本にあったのです。

武術だけではなくて215年あまりの鎖国の間に発達した「技能」として。

食文化で言えば、まさに日本酒がそうです。

今はコンピューターで精米比率を計算してお米一粒ずつ人工知能で加工している時代ですが、最後は杜氏《とうじ》が自分で味を決め、「うまい」と言わないものはダメですよね。

これが「技能」であり「文化」なのです。

ヨーロッパにも学ぶ例はあります。

マリー・アントワネットが作らせたブレゲの最高の時計の何点かは今でも現存していて、フランス革命以前の「技能」が生き残っています。

一方で、今うまくいっているドイツなんかは中途半端で意外と長続きしないかもしれない。ドイツ独自の技術って今では結構少なくて、「マイスター」などと言われていた「職能制度」が事実上壊れてしまっているわけです。

ベルリンの壁が崩壊して東西の垣根が取れたのはいいけれど、一気にアメリカ型になってしまいました。東ドイツはある意味経済的に鎖国状態にあったようなもので、だからこそ「技能」が発達した面もあったわけで、今のドイツの産業でうまく生き残っているのは意外と元々東側の企業が多いのです。カール・ツァイス・イェーナなどが代表的です。

バイオリンやライカのカメラなど、徒弟制度や職人制度が事実上消えてしまい、せいぜい、ＢＭＷやフォルクスワーゲンなどの自動車くらい。でもこれは「技術」であって「技能」ではないんですね。

今年6月18日には独アウディの社長が排ガス不正で逮捕されました。ドイツの未来が予感されます。

日本には徳川265年の鎖国の中で花開いた極めて特殊な「技能」があります。

しかも、それらの手工業では、鎖国体制下で平準化されずに稀有《けう》な形で発展しました。

もし明治維新がなければ、いまだにチョンマゲ結ったままiPhoneを使っていてもおかしくなかったでしょう。

これはこれで良い国になったかもしれません。

少なくとも戦争は起こしてない。

日清戦争も日露戦争もないし朝鮮併合もないし、満州国も太平洋戦争もないから、国の面積はあまり変わらないと思うけれど、北方領土や琉球は持ったまま、普通にチョンマゲ結った近代国になっていたかもしれません。それは江戸時代までの特殊な文化があったからです。

これは１００年後も生き残るものです。

なぜなら、今身の回りにあるものはほとんどがオリジナルではなく、明治維新後に西洋から持ち込まれたものだからです。

オリジナルでないものに大きな付加価値は期待できません。

フランス人よりフランス料理を作るのが上手《うま》い日本人は世の中にたくさんいます。でもそれは実は特別なことでもありません。「キミ日本人のわりに上手だね」と言われるだけ。そこからフランスのプレミアクラスの料理長になれるかというと怪しいです。

最後になりますが、未来の子供たちに託す言葉があるとするならば、それは簡単で、世界のエリートを目指さないのであれば、「英語はやらなくていい」ということです。

少し長いスパンで見ると、すべての言語はネイティブ翻訳される時代が来ます。母国語一つあればその他の言語はいらない時代が来ます。

その頃には既に東大が世界ランキング50位そこそこなのが、日本の大学は今より更にランキングが下がることが予想されますから、日本人としてではなく、国際人としてもう一つ上の層を目指すため、日本以外の大学に行かないといけない。

そのときにはアメリカか中国かロシアの大学しかありません。世界のエリートを目指すならば、英、中、露の言語のどれかを学ぶ必要がありますが、日本の大学を出て日本の社会に出ていくなら日本語以外の言語は必要ありません。

終章 100年後の世界と日本

日本がもう一度台頭する可能性

ここまで、さまざまな視点と観点で日本、世界の未来を語ってきました。

少々、びっくりするような話もしましたが、「日本人」が生き残っていく前向きなファクターもたくさんあったと思います。

日本がもう一度、世界で台頭するのも夢ではないのです。

しかしそれは、今我々が捉《とら》えている「日本」ではなくて、しいて言えば「東京国」とでも称するような経済圏の話と思ってください。

「東京国」「大阪国」などの経済圏のどこかが、「日本」という名前を継ぐかもしれません。

それは今までの「日本」という一つの国ではなく、いわば「日本連邦」とでもいうような形です。

このような形で残る可能性はゼロではありません。

しかし、そのような状況で中心となるのはやはり「東京国」以外ないと思います。大阪も悪くはありませんが、いくら頑張っても東京と大阪の経済力の格差は10倍どころではありません。

大阪の大企業が結局は東京証券取引所に上場して、事実上の本社機能を東京に移し、ついには本社まで東京に移してしまった例だってあるのですから。

このように、「東京国」と「大阪国」が完全に二つに分かれる可能性だって十分にあります。

UAE（アラブ首長国連邦）の大統領が、国家予算の8割を支出するアブダビから選出されることが決まっているように、企業法人税を含む歳入の8割は東京から出ていますから、総理大臣だって東京から出すのが筋という世界になります。

現状は、日本独特の世襲制度で山口県民が総理大臣になるわけですが、すべては経済が決める世界になるのです。

これは、先にも述べた「票を金で買うこと」を堂々と認めることになるわけですが、日本もスイスのように直接民主主義に変わっていく時代が来る可能性はあります。

その時が、真の意味で「日本が台頭する」世界に近づくといえるのではないでしょうか。

「技能」は「資源」である

第3章で触れたレンティア型国家についてもう少しお話ししましょう。

レンティア型国家の特徴は、政府が国民の税収に頼らずに国家を運営していくことです。

UAEのような産油国は、石油を輸出して国民を食わせているわけですが、100年後にレンティア型として生き残っている国はほとんどないでしょう。

なぜなら、資源に限りがあるからです。

ロシアみたいにその気になればレンティア型にできる資源を持っている国は残っていますが、ＧＤＰ比で言えばさほどではなく、ＵＡＥのＧＤＰが日本の四国ぐらいだと考えると、やはりレンティア型国家は滅んでいくといえるでしょう。

しかし、私は、日本は「技能」を資源としたレンティア型国家として残っていくと予言しました。

経済がすべてである１００年後の世界ですら、日本古来の「技能」はだれにも買えないもので、そこに「国」「日本人」としての立脚点を見出すべきだという主張です。

これをもっと砕いて説明すると、日本の人口の多くが外国人になっていく中で、「日本人」という国籍を持っていることが一つの特権になっていきます。

実際にはアジアの中の特権にすぎないのですが、凄く特殊な地位を１００年間にわたって維持できるわけです。

中国が将来、あれだけの人口でいわゆる民主主義をストレートに成り立たせることはまず不可能で、建前は民主主義ですが、五つくらいの実質独裁主義国家に分裂していくでしょう。

ところが、日本はそうではない。

なぜか。

「技能」に根差したカルチャーが維持されているからです。

あくまでカルチャー上、はですが、アジアの中では日本が一番住みやすい国であることが維持されていくわけです。

今、日本人になりたくてしょうがないのは中国人だとよく私が言うのは、こうした背景があるからです。

ここに、１００年後の日本人の優位性が見えてくるわけです。

アジアの中では、シンガポールが急成長をしましたが、シンガポールだって苦しい。

やはり、人口が少ない上に、国家が自分たちの力で人工的に作り上げたシステムの国、いわば人工国家ですから。

シンガポールはキャピタルゲイン課税を一時なくすなど、色々な工夫で国家を作ってきました。

厳しい管理社会を国家の主導で構築して、成長に成功しました。ただし、面積が小さく、経済の成熟に合わせた大量の移民の受け入れはできません。また、中国の経済攻勢を防ぐことは難しいでしょう。

ハイテクな都市であるので、トップクラスの大学などはいくつかは残ると思いますが、経済は全部中国人に押さえられるでしょう。

それには10年かからないと思います。中国の上手な対外的経済戦略で、あっという間です。

シンガポールの急成長を支えた指導者たちが死んでいくと、次の世代は、中国の圧倒的な金の力の前に屈していく可能性があります。

国家としてのメンツになんてこだわらずに、中国の一つの独立経済圏になるのではないでしょうか。

香港みたいなポジションに変わっていくと思えばいいかもしれません。

なおさら、人口の受け皿にはなれないですよね。

翻って、日本はどうでしょうか。

日本には欧米ほどではないにせよ、国の面積が十分にありますし、もともとの日本人の人口が1億人を超えています。

当分はそれで維持できますが、少子化と仕掛けられた人口削減などで、100年後には日本人の人口は3千万人ぐらいに減ってると思われます。

ところが、日本に住んでいる人は3億人ぐらいになっているわけです。

だから今の感覚で言うとUAEと似てるんですよね。

元々のUAE人って10%ぐらいであとはみんな移民ですから。

UAE人は税金を払わなくていいしガソリンも無料。でも外国人は税金を取られる。

税金は事実上無料に近いのですが、ガソリン代や電気代などは払うわけで、実質的には課税されているわけです。

まるで昔のローマ帝国みたいですね。

しかし、そう変わっていくのが将来の日本であると仮定した場合、ハイテクは全滅しています。生き残る会社はいっぱいあるでしょうけど、全部中国かアメリカ資本に買われているでしょう。

これは、今の見本の金融経済政策のツケです。

日銀は円を発行して外国人投資家に渡して、その円で彼らが日本企業を買収しているわけですから。

ある意味、歴史に残る戦犯ですよね。

しかも、この政策はしばらく続きます。

仮に総理大臣が変わっても、このシステムは変わりません。

今の外資に完全にコントロールされている日本政府なら。

どの外資にコントロールされてるかが違うだけです。

「絶対アメリカ以外は認めない」と言う官僚もいれば、経済が儲《もう》かるんだったらアメリカでも中国でもどっちでもいいという官僚もいます。

今は後者が強いですから中国と接近していますけども、トップ官僚（ともちろん一部政治家）同士のパワーバランスで日本の政策が決まっている状況です。

しかし、どちらも外国人ですよね。

外国人が優遇される今の日本のシステムでは当然、日本の「技術」は買収されてしまいますが、「技能」は個人につくものだから買収のしようがないのです。

繰り返しになりますが、100年後の世界は経済がすべてです。

しかも、資源が枯渇して、産油国が衰退していく中、資源を持たない日本はどうあるべきかを語ってきました。

かなりショッキングな話もしてきましたが、実際に世界はもうそこまで来ています。

すべてが経済で回っていくのは仕方ないにしても、金で買うことのできないものが必ずあるのです。

しかも、それを未来における「資源」として、きちんと経済の中に組み込んでいくことだってできるのです。

ブロードウェイのミュージカルが、英語もわからないような観光客向けの出し物レベルに衰退したように、京都の祇園が歌舞伎町にあるロボットレストランのようなものになってしまう危険だってあります。

歴史的な付加価値があるのに、時の大資本がつぎこまれて、ただのエンターテイメントになってしまう危険性です。

だからこそ、唯一無二の価値観と経済的価値観を併せ持ったものとして生き残らないといけない。

「日本人」というアイデンティティそのものの意味がなくなってしまうからです。

しかし、日本には誇るべきものがまだたくさんあります。

そこにどう気が付き、どう活かしていくか。

１００年後の世界は誰にもわかりませんが、何が生き残っていくものなのかはおそらく答えが見えているのではないか思います。

〈著者略歴〉

苫米地英人（とまべち　ひでと）

1959年、東京都生まれ。認知科学者、計算機科学者、カーネギーメロン大学博士（Ph.D.）、カーネギーメロン大学CyLab兼任フェロー。マサチューセッツ大学コミュニケーション学部を経て上智大学外国語学部卒業後、三菱地所にて2年間勤務し、イェール大学大学院計算機科学科並びに人工知能研究所にフルブライト留学。その後、コンピュータ科学の世界最高峰として知られるカーネギーメロン大学大学院に転入。哲学科計算言語学研究所並びに計算機科学部に所属。計算言語学で博士号を取得。徳島大学助教授、ジャストシステム基礎研究所所長、通商産業省情報処理振興審議会専門委員などを歴任。著書に『いい習慣が脳を変える 健康・仕事・お金・IQ すべて手に入る！』（KADOKAWA）、『真説・国防論』（TAC出版）、『苫米地式 聴くだけで脳からストレスが消えるCDブック』（イースト・プレス）など多数。TOKYO MXで放送中の「バラいろダンディ」（21時～）で隔週月曜コメンテーターを務める。

Kadokawa Haruki Corporation

苫米地 英人

百《ひゃく》年《ねん》後《ご》の日《に》本《ほん》人《じん》

*

2018年 9 月18日第一刷発行

発行者 角川春樹
発行所 株式会社 角川春樹事務所
〒102-0074 東京都千代田区九段南2-1-30 イタリア文化会館ビル
電話03-3263-5881(営業) 03-3263-5247(編集)
印刷・製本 中央精版印刷株式会社

ISBN978-4-7584-1324-4 C0030
http://www.kadokawaharuki.co.jp/